nano

कार की कहानी

nano
कार की कहानी

फिलिप चाको • क्रिस्टाबेल नोरोन्हा • सुजाता अग्रवाल

भूमिका

रविकांत

वाइस-चेयरमैन, टाटा मोटर्स

प्र

प्रभात प्रकाशन

प्रकाशक • **प्रभात प्रकाशन प्रा. लि.**
4/19 आसफ अली रोड,
नई दिल्ली-110002

संस्करण • 2025
मूल्य • तीन सौ रुपए
मुद्रक • श्री साई प्रिंटर्स, साहिबाबाद

NANO CAR KI KAHANI
by Chacko / Noronha / Agrawal ₹ 300.00
Published by Prabhat Prakashan Pvt. Ltd., 4/19 Asaf Ali Road, New Delhi-2
e-mail: prabhatbooks@gmail.com ISBN 978-93-5048-032-8

आभार

इस पुस्तक की रचना तमाम लोगों, खासकर टाटा मोटर्स के इंजीनियरों और अन्य प्रोफेशनलों के सहयोग के बिना संभव नहीं हो पाती। हम टाटा मोटर्स के वाइस-चेयरमैन, रविकांत के बहुत ऋणी हैं, जिनके प्रोत्साहन और समर्थन से हमने नैनो की कहानी लिखने की शुरुआत की।

हम उन लोगों के भी आभारी हैं जिन्होंने हमसे मिलने, हमारे असंख्य सवालों का जवाब देने और मोटरिंग के मामले में हम जैसे लगभग अनाड़ी लोगों को शिक्षित करने में धैर्य और उदारता दिखाई। नैनो विकास कार्यक्रम के प्रमुख गिरीश वाघ ज्ञान और सूचना के विशाल स्रोत थे। टाटा मोटर्स के इंडिया ऑपरेशंस के प्रबंध निदेशक प्रकाश तैलंग, मुख्य वित्त अधिकारी सी. रामकृष्णन और कॉरपोरेट कम्युनिकेशंस के देबाशीष रे तथा अरूप मुखर्जी ने हमारी सहायता के लिए बहुमूल्य समय निकाला।

मैन्युफैक्चरिंग प्लानिंग टीम के प्रमुख प्रियदर्शन क्षीरसागर और उनके सहकर्मियों अतुल के. वैद्य तथा जयदीप देसाई ने हमें परियोजना के तथ्यों से अवगत कराया। टाटा मोटर्स इंजीनियरिंग रिसर्च सेंटर के जय बोलार और जी.आर. नागभूषण ने भी इस परियोजना को समझने में हमारा मार्गदर्शन किया। डिजाइनर निखिल आत्माराम जाधव, सुरक्षा विशेषज्ञ अनिल कुमार, बॉडी सिस्टम्स इंजीनियरिंग के आर.जी. राजहंस, न्यू प्रोडक्ट इंट्रोडक्शन टीम के सैम जॉनी तथा विवेक सहस्त्रबुद्धे, व्हाइकल इंटीग्रेशन के मुखिया अभय देशपांडे और पावर ट्रेन विशेषज्ञ संजय सबलोक ने हमें छोटी कार के निर्माण की कारीगरी के सूक्ष्म-से-सूक्ष्म पहलुओं की बहुमूल्य जानकारी दी।

ऐसे कई और लोग भी थे, जिन्होंने नैनो परियोजना की सफलता के बारे में हमारी समझ को बढ़ाने के लिए अपना बहुमूल्य समय निकाला। ये थे कस्टमर

सपोर्ट के विक्रम सिन्हा, मार्केटिंग विशेषज्ञ एस.कृष्णन, सोर्सिंग ग्रुप के बी.बी. पारेख और प्रशांत सक्सेना, कंस्ट्रक्शन प्रमुख एम.बी. कुलकर्णी, कॉरपोरेट सामाजिक उत्तरदायित्व क्रियाकलाप के एम.बी. परालकर, मैन्युफैक्चरिंग के रमेश विश्वकर्मा, छोटी कार परियोजना के मानव संसाधन प्रमुख दिलीप सेनगुप्ता। सिंगूर में जब समस्या पैदा हुई तब वहाँ के सुरक्षा प्रमुख सुनीरमल पात्रा और टाटा मोटर्स के वरिष्ठ महाप्रबंधक अमरजीत सिंह पुरी भी, जिनके पास कहने और न कहने के लिए ढेर सारी कहानियाँ थीं, ऐसे ही लोगों में थे।

हम टाटा मोटर्स के डीलर अरुण बर्तक तथा अमित राठौड़, जिन्होंने हमें नैनो की बिक्री के बारे में अपने अनुभव बताए, और अशोक विचारे, हरीश दयाराम ठाकुर तथा अरुण केजकर, जिन्हें इस कार का मालिक होने पर गर्व है, के आभारी हैं।

हम टाटा संस के कार्यकारी निदेशक और टाटा मोटर्स के निदेशक मंडल के सदस्य आर. गोपालकृष्णन को भी हार्दिक धन्यवाद देते हैं, जिन्होंने इस पुस्तक के प्रकाशन में महत्त्वपूर्ण योगदान दिया।

टाटा मोटर्स और इससे संबद्ध लोगों से परे, हमें इस किताब के लेखन में कुछ कुशल व योग्य प्रोफेशनलों का भी सहयोग मिला। किरण कासबेकर के संपादन कौशल के बिना इस पुस्तक में इतनी कसावट नहीं आ पाती। इसी तरह, प्रकाशन की प्रगति के हर चरण में सुजाता अग्रवाल का पूरा सहयोग मिला।

आभार ज्ञापन में कुछ लोगों के नाम छूट गए हों तो इसके लिए हम उनसे क्षमाप्रार्थी हैं। अगर इस पुस्तक में कुछ तथ्यात्मक त्रुटियाँ रह गई हैं और छपाई में कुछ चीजें किसी कारणवश छूट गई हैं तो उनके लिए भी हम क्षमाप्रार्थी हैं।

फिलिप चाको

क्रिस्टाबेल नोरोन्हा

सुजाता अग्रवाल

भूमिका

टाटा मोटर्स के चेयरमैन रतन टाटा ने एक सपना देखा था। लाखों भारतीयों को व्यक्तिगत इस्तेमाल और अपना जीवन स्तर सुधारने के लिए एक सुरक्षित और सस्ती कार मुहैया कराना। इसी सपने से नैनो की शुरुआत होती है। इस सपने के साकार होने से ही नैनो इतनी चर्चित और बहु प्रशंसित कार बन गई है। यह ऐसी कार है जिसमें न केवल भारत, बल्कि दुनियाभर में ऑटोमेटिव उद्योग के मौजूदा प्रतिमानों को बदलने की क्षमता है।

यह अनूठा प्रयास टाटा संगठन की 125 वर्ष पुरानी परंपरा के अनुकूल है। नैनो अंतरराष्ट्रीय जगत् में कूदने को उत्सुक एवं उभरते भारत को रतन टाटा की अनुपम देन है।

सर्वोत्तम विचारों को भी मूर्त रूप देकर सफल बनाने में कई उपादानों की जरूरत पड़ती है। मैं यहाँ ऐसे ही कुछ उपादानों की संक्षेप में चर्चा करूँगा, जिनके कारण नैनो भारत के उभरते मध्यवर्ग के लिए एक प्रतीक बन गई है। यही नहीं, उसने वर्ग, क्षेत्र और राष्ट्रीयता से ऊपर उठकर दुनियाभर में एक तरह की चकाचौंध पैदा कर दी है।

सफलता की नींव के निर्माण के लिए अनुसंधान आवश्यक है। भारत में लाखों परिवारों का असुरक्षित दोपहिया वाहनों पर सफर करना आम बात है। लेकिन एक दूरदर्शी व्यक्ति ने उनके लिए एक सुरक्षित और आरामदायक विकल्प की कल्पना की। यह अभिनव सोच थी। इस सोच के अनुरूप आकर्षक डिजाइन वाली एक कार बनाई जाने लगी, जिसमें चार व्यक्तियों का परिवार आरामदायक और सुरक्षित यात्रा कर सकता था। इस कार की घोषित कीमत महज 1 लाख रुपए थी।

टाटा मोटर्स में काम करने वाले हम लोग 1 लाख रुपए की कीमत पर अटल

थे। यह बात दीगर है कि हमारी मूल सोच एक ग्रामीण वाहन के बारे में थी। लेकिन बाद में इस सोच ने ऐसी आधुनिक कार का रूप ले लिया, जो सुरक्षा और उत्सर्जन के सभी जरूरतों को पूरी करती हो। माल की लागत और अन्य खर्चों के आसमान छूने के बावजूद हम अपनी घोषित कीमत पर अटल रहे। लक्ष्य लागत, नए उत्पाद की विकास प्रक्रियाएँ और एक युवा टीम द्वारा परियोजना प्रबंधन—ये सभी नवप्रवर्तन की मिसाल थे और इनसे हमें पारंपरिक सोच तथा पुरानी कार्यप्रणाली से छुटकारा पाने में मदद मिली। प्रौद्योगिकीय सफलताएँ और बाद में टाटा मोटर्स को नैनो विकास परियोजना से संबंधित 32 पेटेंट मिलने से हमारा उत्साह बहुत बढ़ गया।

अनुशासन और फोकस के कारण हमारा ध्यान अपने लक्ष्य से कभी नहीं हटा। ऐसे कई मौके आए जब परस्पर विरोधी जरूरतों को संतुलित करने के प्रयास में हमारी लागत बढ़ी या हमारा काम वांछित स्तर तक नहीं पहुँच सका। इससे परियोजना की व्यवहार्यता पर सवाल उठाए जाने लगे। प्रश्न यह भी उठा कि हमें परियोजना जारी रखनी चाहिए या छोड़ देनी चाहिए। लेकिन हर झटके के बाद नैनो टीम विश्राम के लिए ठहर जाती, गहरी साँस लेती और तरोताजा होकर फिर काम में जुट जाती। ये लोग असफलता स्वीकार करनेवालों में से नहीं थे।

नैनो परियोजना की सफलता के लिए टीमवर्क बहुत अहम् था। चेयरमैन से लेकर शॉप-फ्लोर कर्मचारी तक, हर कोई इस साझे उद्यम का हिस्सा था। और यह भावना छोटी कार के निर्माण में लगे सभी 1,000 से अधिक कर्मचारियों में दिखी। हम अपनी व्यक्तिगत जिम्मेदारियों को समझाते थे और हमने खुशी-खुशी अपने सहकर्मियों तथा हमवतनों के साथ तालमेल बिठाकर काम किया, ताकि कहीं कोई चूक न रह जाए। परियोजना को जिन मुश्किलों और कुंठाओं का सामना करना पड़ा, उन्हें हम सबने भी महसूस किया। फैक्टरी को सिंगूर से साणंद ले जाने का फैसला करते समय हमें इसी तरह की पीड़ा का अनुभव हुआ था। हमने सफलता का आनंद भी मिलजुलकर लिया, 10 जनवरी, 2008 की तरह जब दिल्ली ऑटो एक्सपो में दुनिया के सामने नैनो का अनावरण किया गया।

नैनो टीम के हर सदस्य के लिए, परियोजना पर काम करना जीवन में एक बार मिलने वाला मौका था। यहाँ उन्हें रतन टाटा से निजी स्तर पर संवाद करने और उन्हें बेहद करीब से देखने का अवसर मिला। वह उनके हर शब्द पर गौर करते और उनकी हर भंगिमा पर ध्यान देते। टीम के सदस्य रतन टाटा के हर सुझाव पर काम करने के लिए तत्पर रहते थे। यह टीमवर्क का अद्भुत प्रदर्शन था। यह बात

की विशिष्ट मिसाल भी थी कि लोगों के एक समूह को सितारों पर पहुँचने के लिए, अपनी छिपी क्षमताओं को पहचानने के लिए कैसे प्रोत्साहित किया जा सकता है।

पूरी परियोजना के दौरान, नैनो निर्माण टीम का रवैया कभी हार मानने का नहीं रहा। इससे टीम को हताशा एवं निराशा के गर्त से और संभावित एवं अज्ञात आपदाओं से उबरने में सफलता मिली। इस भावना ने हमें नैनो के मुश्किल भरे क्षणों से निकलने के लिए प्रोत्साहित किया। इस तरह के क्षण अकसर आ जाते थे। बाढ़ जैसी प्राकृतिक आपदाओं, अतर्कसंगत तथा संकीर्ण राजनीतिक हस्तक्षेपों, परियोजना की सफलता की असंभाव्यता के बारे में घोषणाओं और इसकी व्यवहार्यता के बारे में निराशाजनक टिप्पणियों के बावजूद टीम का मनोबल नहीं गिरा।

टाटा मोटर्स ने नैनो को लिए जो लक्ष्य रखा था, उसने उससे कहीं ज्यादा हासिल किया है। यह कार एक मिसाल बन गई है और इसने ऑटोमोबाइल उद्योग के भीतर और बाहर अपने तमाम प्रशंसक बना लिए हैं। लेकिन हम विनम्रतापूर्वक कह सकते हैं कि नैनो के विचार ने अभी जड़ें जमानी शुरू की हैं। हम जानते हैं कि इसे मजबूत और स्वस्थ पेड़ बनाने के लिए बहुत कुछ करना होगा।

मैं खुश हूँ कि नैनो की कहानी कहने वाली यह किताब लिखी गई है। यदि यह और अधिक अनूठे विचारों के बीज बोने में मदद करती है या उनके लिए चिंगारी पैदा करती है तो इसका उद्‌देश्य बहुत कुछ सफल हो जाएगा। नैनो की कहानी से जुड़कर मैं अपने को खुशकिस्मत मानता हूँ और इस भूमिका को लिखकर सम्मानित महसूस करता हूँ।

—रविकांत

वाइस-चेयरमैन, टाटा मोटर्स

विषय-सूची

1

शुरुआत

कारोबार की महत्त्वपूर्ण बैठकों में भाग लेने के लिए जो लोग एक से दूसरी जगह भागते रहते हैं, उन्हें अपने काम के लिए समय निकालना मुश्किल हो सकता है। सो, ऐसी अनगिनत बैठकों में जाने वाले अपने उबाऊपन को कैसे दूर करते हैं? कुछ लोग बिना वजह लेटरपैड पर चित्रकारी करते हैं या टेढ़े-मेढ़े अक्षर बनाते हैं। भारत के सबसे बड़े और अति प्रतिष्ठित बिजनेस समूह टाटा कंपनी समूह के प्रमुख रतन टाटा प्रशासनिक कार्यों की नीरसता से छुटकारा पाने के लिए कभी-कभी यही करते हैं। इसी तरह की अर्थहीन चित्रकारी से उस कार के शुरुआती विचार ने जन्म लिया जिसने ऑटोमोबाइल जगत् को झकझोर दिया।

नैनो रतन टाटा की कल्पना का उत्पाद है। उनकी इच्छा मध्यवर्गीय भारत के लिए एक ऐसी कार बनाने की थी, जो सस्ती हो। उन्होंने वर्षों बाद टाटा एक्जीक्यूटिव्स की एक बैठक में कहा था, ''बोर्ड की उबाऊ बैठकों में मुझे बहुत समय देना पड़ता था। सो, नीरसता से निजात पाने के लिए मैं कागज पर टेढ़े-मेढ़े अक्षर या चित्र बनाया करता था। नैनो का विचार भी वहीं आया। दूसरे शब्दों में, घंटों चलने वाली उबाऊ बैठकों में बैठकर आप सोच सकते हैं कि आप दुनिया में दूसरों से भिन्न क्या कर सकते हैं। हममें से ज्यादातर लोग अपनी ही दुनिया में खोए रहते हैं और हम अपनी महती जिम्मेदारी को भूल जाते हैं। हम जिस समुदाय में रहते हैं उसकी सेवा की जिम्मेदारी, हम जिन लोगों के साथ काम करते हैं उनके जीवन स्तर में सुधार लाने की जिम्मेदारी।''

रतन टाटा के ये विचार सांगठनिक मूल्यों में एक प्रतिष्ठित बिजनेस लीडर की अटूट आस्था को दरशाते हैं। यही मूल्य लोगों और मुनाफे के बीच संतुलन बनाए रखते हैं। इस तरह की आस्था और उद्यम के इस सिद्धांत के बिना नैनो का निर्माण नहीं हुआ होता।

"भारत और दुनिया को टाटा नैनो पेश करते हुए हमें बहुत खुशी हो रही है।" रतन टाटा ने 23 मार्च, 2009 को मुंबई में नैनो को लॉन्च करते हुए जब ये शब्द कहे तो यह उस एक दशक लंबी यात्रा की पराकाष्ठा थी, जो बिना किसी निश्चित गंतव्य या योजना के शुरू हुई थी। उस समय ऑटोमोबाइल इंजीनियरिंग के इस्तेमाल के जरिए भारत को एक विश्वसनीय और सस्ती कार मुहैया करने का केवल एक विचार भर था। वह यात्रा कैसी होगी, किसी ने इसके बारे में सोचा तक नहीं था; लंबी और थकाऊ, आनंददायक और कष्टदायक, खर्चीली और विस्तृत, खोज के चमत्कार की प्रेरणा से भरपूर और एक क्रांतिकारी सोच को जीवंत करने के बोझ से लदी हुई।

नैनो के निर्माण के अथक मानवीय प्रयास के केंद्र में टाटा मोटर्स रही है। टाटा मोटर्स ऐसी ऑटोमोबाइल कंपनी है, जिसके कर्मचारी यह मानते हैं कि वे अपने काम से बढ़कर बहुत कुछ कर सकते हैं। नैनो परियोजना जब चरम पर थी तो उसकी टीम में 500 से अधिक लोग थे। इस टीम के सबसे सक्रिय, अपने लक्ष्य को हासिल करने के प्रति सबसे उत्साहित सदस्य टाटा मोटर्स के चेयरमैन 72 वर्षीय रतन टाटा थे। कहा जाता है कि रतन टाटा को टाटा मोटर्स से बहुत लगाव है। एक कॉर्नेल-शिक्षित वास्तुकार में ऑटोमोबाइल इंजीनियरिंग का जुनून कैसे पैदा हुआ, इसका संतोषजनक उत्तर कभी नहीं मिला। लेकिन इतना स्पष्ट है कि रतन टाटा ने नैनो परियोजना शुरू होने से वर्षों पहले टाटा मोटर्स में 'जनता की कार' बनाने का सपना देखा था।

एक पत्रिका में छपे लेख के अनुसार, रतन टाटा एक दिन जब बेंगलूरु की ट्रैफिक में फँस गए और उन्होंने 'एक स्कूटर पर पूरे परिवार को जाते हुए देखा' तो उनके मन में नैनो विचार कौंधा।[1] हालाँकि इस विचार को मूर्तरूप देना बहुत मुश्किल काम था, लेकिन एक स्कूटर पर पूरे परिवार का जाना कोरी कल्पना नहीं थी। रतन टाटा ने इस तरह की कार के बारे में सबसे पहले वर्ष 2000 में टाटा मोटर्स कमेटी की एक बैठक में चर्चा की। यह भारत में निर्मित पहली देसी कार इंडिका

के बाजार में उतारे जाने के लगभग एक साल बाद की बात थी। रतन टाटा ने वर्ष 2008 में एक इंटरव्यू में कहा, "मेरे अंतर्मन के किसी कोने में हमेशा यह बात रही है कि भारत के लोगों के लिए कुछ करना चाहिए। चूँकि ट्रांसपोर्ट मेरी दिलचस्पी का क्षेत्र है, इसलिए मुझे लगता है कि मैं इसमें कुछ कर सकता हूँ। शहरीकरण जब रफ्तार पकड़ता है तो व्यक्तिगत ट्रांसपोर्ट एक बड़ा मुद्दा बन जाता है, खासकर उस समय जब पब्लिक ट्रांसपोर्ट प्राय: उपलब्ध नहीं होता। अगर उपलब्ध होता भी है तो उसकी गुणवत्ता घटिया होती है। दोपहिया वाहन—जिसे पिता चलाता है, बड़ी संतान आगे खड़ी होती है और शिशु को गोद में लिए पत्नी पीछे बैठती है—भारत के जीवन में रच बस गया है। लेकिन दोपहिया वाहन परिवार को कहीं ले जाने का अपेक्षाकृत असुरक्षित माध्यम है। दोपहिया वाहन को देखकर मेरे मन में यह विचार आया कि हमें ट्रांसपोर्ट के अपेक्षाकृत एक सुरक्षित मोड़ का निर्माण करना चाहिए।"[2]

शुरू में रतन टाटा स्कूटर को कार बनाने की टेढ़ी-मेढ़ी डिजाइन खींचा करते थे, ताकि लोग सुरक्षित यात्रा कर सके। उन्होंने एक उद्योग संघ से संपर्क किया और टाटा मोटर्स के साथ मिलकर एक एशियाई कार बनाने का सुझाव दिया। ऐसी कार जिसका बड़े पैमाने पर उत्पादन हो, जिसमें तमाम देश शामिल हों और भिन्न-भिन्न लोग भिन्न-भिन्न पुर्जे बनाएँ। लेकिन उन्हें निराशाजनक उत्तर मिला। टाटा मोटर्स ने जब इंडिका बनाने का फैसला किया था तो उस समय भी उसे ऐसा ही जवाब मिला था। रतन टाटा ने एक औद्योगिक संस्था के सामने प्रस्ताव रखा था कि क्यों न पार्टनरशिप में एक भारतीय कार का सृजन किया जाए, जो देश में ही अभिकल्पित, विकसित और निर्मित हो, ऐसी कार जो पूरी तरह से भारतीय उद्यम हो। रतन टाटा याद करते हैं, "हर व्यक्ति ने मेरी हँसी उड़ाई। लोगों ने कहा, 'भारतीय कार की बात करने से पहले मिस्टर टाटा कोई ऐसी कार क्यों नहीं बनाते जो लोकप्रिय हो जाए'?"

दूसरे लोगों ने और भी चुभने वाली टिप्पणियाँ कीं। लेकिन टाटा मोटर्स निराश नहीं हुई। उसे विश्वास था कि वह अपनी छोटी कार जरूर बनाएगी। कंपनी के इंजीनियरों का मानना था कि यह कार भारत के लिए वही काम कर सकती है जो फोर्ड के मॉडल 'टी' ने अमेरिकियों के लिए, फिएट '500' ने इतालवियों के लिए, सिट्रोएन 2 सी.वी. ने फ्रांसीसियों के लिए और 'वॉक्सवैगन बीटल' ने जर्मनों

के लिए किया। भारत में 1990 के दशक के शुरू में आर्थिक सुधारों के आने के बाद राजमार्गों का तेजी से निर्माण होने लगा था और बड़ी संख्या में लोग कारों की सवारी के लिए तैयार थे।

आज दुनिया की सड़कों पर कोई 60 करोड़ यात्री कारें हैं। इस आँकड़े में हर साल लगभग 6.7 करोड़ कारें जुड़ती जा रही हैं। अचरज नहीं कि इनमें से ज्यादातर कारें विकसित देशों में हैं। अमेरिका, यूरोप और जापान में दो-तिहाई कारें हैं। भारत और चीन में, जिनकी आबादी का जोड़ दुनिया की जनसंख्या की एक-तिहाई से अधिक है, महज 5 प्रतिशत कारें हैं। भारत में 50 लाख कारें और 7 करोड़ दोपहिया वाहन हैं, लेकिन यहाँ हर 1,000 लोगों में केवल सात के पास कार है। इस आँकड़े को ध्यान में रखकर फोर्ब्स एशिया पत्रिका ने लिखा कि "एक अरब भारतीय साल में लगभग उतनी ही कारें खरीदते हैं जितने कि 30 करोड़ अमेरिकी एक महीने में।" इस तथ्य से स्पष्ट था कि भारत का कार बाजार संभवत: 2010 तक प्रतिवर्ष 22 लाख कारों का आँकड़ा छू लेगा। नैनो की पहल का समय निश्चित रूप से आ चुका था।

इंडिका बाजार में 1998 में आई और उसने टाटा मोटर्स की क्षमता और गुणवत्ता का परिचय ऐसे समय दिया जब कंपनी को राजस्व का भारी नुकसान हुआ था। उसकी सफलता से प्रेरित होकर रतन टाटा और उनकी टीम एक असाधारण काम करने के बारे में सोचने लगी: कम कीमत वाली एक ऐसी कार का निर्माण जो व्यक्तिगत गतिशीलता में क्रांति ला देगी। उस समय तक देश बदलती सच्चाइयों से तालमेल बिठा चुका था। इस बात में कोई संदेह नहीं था कि ऐसी कार के निर्माण में ऑटोमोबाइल इंजीनियरिंग की कुछ रूढ़ियों को दूर करना था, संगठन के भीतर संदेह व्यक्त करने वाले लोगों को कायल करना था और एक नई तरह की सोच अपनानी थी।

रतन टाटा ने 2003 में जेनेवा मोटर शो में एक अनौपचारिक टिप्पणी की थी जिससे नैनो की कीमत 1 लाख रुपए रखने का विचार आया। ब्रिटिश अखबार फाइनैंशियल टाइम्स से एक साक्षात्कार के दौरान उन्होंने सामान्य रूप से कहा कि टाटा मोटर्स के भविष्य के एजेंडे में एक सस्ती कार का निर्माण शामिल है। इस तरह की कार की लागत के बारे में बार-बार पूछे जाने पर उन्होंने कहा कि यह 2,500 डॉलर के आसपास हो सकती है। अगले दिन फाइनैंशिल टाइम्स ने खबर छापी कि

टाटा समूह लखटकिया कार के निर्माण की योजना बना रहा है। रतन टाटा की तात्कालिक प्रतिक्रिया इसका खंडन करते हुए यह कहने की हुई कि उन्होंने ऐसा नहीं कहा था। फिर उन्हें खयाल आया कि इस कीमत का उल्लेख उन्होंने ही किया था। ''तो क्यों न इसे लक्ष्य बना लिया जाए?'' टाटा मोटर्स के लोग भौचक थे, लेकिन कंपनी के चेयरमैन अपना लक्ष्य तय कर चुके थे। उनकी टीम ने लक्ष्य की दिशा में काम करना शुरू कर दिया।

दिन गुजरने के साथ, ऑटोमोबाइल उद्योग के हर प्रोफेशनल ने, चाहे वह एक्जीक्यूटिव हो या विशेषज्ञ, निजी या खुलेआम रूप से लखटकिया कार के विचार का मजाक उड़ाया। भारत में सबसे बड़ी विदेशी कार निर्माता कंपनी सुजुकी के चेयरमैन ओसामू सुजुकी ने घोषणा की कि इस लागत पर कार बनाना संभव नहीं है। उन्होंने यह भी कहा कि इस तरह की कार पूरी तरह सुरक्षित नहीं होगी और स्पर्धा में इसका कहीं पता नहीं चलेगा। निस्सान-रेनौल्ट गठजोड़ के मुखिया कार्लोस घोस्न उन गिने-चुने लोगों में से थे जिनकी राय भीड़ से भिन्न थी। वे समझ गए थे कि स्थिति बदलने जा रही है।

लागत के कारण रतन टाटा ने परियोजना के प्रारंभिक चरण में एक 'ग्रामीण कार' की संकल्पना की। ऐसी कार जिसमें दरवाजे और खिड़कियाँ नहीं होतीं और संभवत: नीचे सरकाए जाने लायक प्लास्टिक के परदे होते। यह दरअसल ऑटो-रिक्शा का चार पहिए वाला बेहतर संस्करण होता। ऑटो-रिक्शा दक्षिण और दक्षिण पूर्व एशिया के कई हिस्सों में परिवहन का सस्ता और लोकप्रिय साधन है। लेकिन जब नैनो के विचार ने ठोस रूप लेना शुरू किया तो टाटा मोटर्स के इंजीनियरों ने महसूस किया कि यह उनकी परीक्षा की घड़ी है। प्लास्टिक के परदे और उसके जैसी अन्य चीजों का विचार छोड़ दिया गया। राय बनी कि यह सचमुच की कार होनी चाहिए न कि दिखावे की कार। यह एक महत्त्वपूर्ण परिवर्तन था जिसके कारण चुनौतियाँ और भी बढ़ गईं।

सो, अब लागत को स्थिर रखने के अतिरिक्त, प्रस्तावित कार में कई नई चीजें जोड़नी थीं, बुनियादी कच्चे माल में बड़े पैमाने पर बदलाव करना था और बढ़ती महँगाई से निपटना था। कार परियोजना पर काम करने वाली टीम के लिए यह सब आसान काम था, क्योंकि कार की अवधारणा अब भी प्रारंभिक अवस्था में, ठोस रूप लेने की प्रक्रिया में थी। तरह-तरह के विचार उमड़ रहे थे, जिनमें से ज्यादातर

रतन टाटा के उर्वर दिमाग से निकले थे। एक विचार यह था कि इंजीनियरिंग प्लास्टिक्स और नए माल से ऐसी कार बनाई जाए, जिसमें वेल्डिंग की जगह विमानन में प्रयुक्त चिपकाने वाले पदार्थ का प्रयोग किया जाए और एक पुर्जा बहुद्देशीय काम करे।

लेकिन इनमें से कुछ विचार लागत की कठोर सच्चाइयों से मेल नहीं खाते थे। ब्रिटिश जीव विज्ञानी थॉमस हक्सले ने कहा भी है कि अरुचिकर तथ्य सुंदर कल्पना की हत्या कर देता है। मिसाल के तौर पर, प्लास्टिक के विचार को छोड़ दिया गया क्योंकि बड़ी संख्या में कारों के उत्पादन में पेंट की हुई प्लास्टिक इस्पात के मुकाबले अधिक महँगी पड़ती। बड़ी संख्या में उत्पादन हमेशा नैनो के समीकरण का अंग रहा था। नैनो की सफलता उसी पर निर्भर थी। इसलिए नैनो का उत्पादन छोटे पैमाने की बजाय हर हाल में बड़े पैमाने पर करना था। अब यह टाटा मोटर्स को तय करना था कि वह एक साल में कितनी कारों का उत्पादन कर सकती थी।

जब कार की जरूरतों पर विचार किया जा रहा था तो बिजनेस की शुरुआती योजना बनाकर रतन टाटा को दिखाई गई। उसमें प्रतिवर्ष 2,00,000 कारों के उत्पादन की बात कही गई थी। चेयरमैन इस आँकड़े से जरा भी प्रभावित नहीं हुए। वह चाहते थे कि टाटा मोटर्स या तो प्रतिवर्ष 10 लाख कार बनाए या फिर एक भी नहीं। प्रतिवर्ष एक मॉडल की 10 लाख कारें? भारत में ऐसा कभी नहीं हुआ था। और इसे परंपरागत तरीके से करने का अर्थ होता अरबों डॉलर का निवेश। सो, टाटा मोटर्स विकल्पों पर विचार करने लगी। एक विकल्प था मैन्युफैक्चरिंग में साझेदारी, जिसके तहत कंपनी कम लागत और बिना नफा-नुकसान वाली उत्पादन इकाई डिजाइन करेगी और इसमें निवेश करने के इच्छुक उद्यमियों को देगी। उत्पाद को ग्राहक तक पहुँचाने, सर्विसिंग के विभिन्न तरीकों, बीमा उद्योग से ऋण लेने और कंपनी द्वारा स्वरोजगार वाले लोगों को प्रशिक्षित करने तथा प्रमाण-पत्र देने पर भी विचार किया गया।

नैनो की कहानी शुरू से लेकर आखिर तक क्रांतिकारी और अनूठी थी। और यह कहानी केवल इंजीनियरिंग, डिजाइन और लागत तक सीमित नहीं थी। टाटा मोटर्स नैनो को सही मायने में एक आधुनिक उत्पाद बनाने के लिए अथक प्रयास कर रहा था, क्योंकि उसने जो लक्ष्य रखा था, उसके लिए कार की शब्दावली से हटकर सोचने की जरूरत थी। शुरुआती दिनों की अनिश्चितता खत्म हो जाने के

बाद, इस सबमें केवल एक चीज स्पष्ट थी: नैनो वास्तविक कार होगी, विद्रूप नहीं। जैसाकि रतन टाटा ने कहा, ''हमने इस बात को हमेशा ध्यान में रखा कि इस उत्पाद की गुणवत्ता पर आँच न आए। हम आधी कार बनाने नहीं जा रहे थे।''

अप्रैल 2003 में रतन टाटा के साथ स्माल-कार टीम की हुई बैठक के विवरण दरशाते हैं कि परियोजना अब भी अन्वेषणात्मक चरण में थी। उस समय इस परियोजना को Project X3 नाम दिया गया था। बैठक के नोट्स में विकास संबंधी नजरिया (चार पहिया को डाउनग्रेड करने के बजाय तीन पहिया को उन्नत बनाना), चीन के लिए पारिवारिक कार डिजाइन करने में डैमलर-क्राइसलर का संघर्ष, नलाकार ढाँचा एवं लेजर वेल्डिंग, कार की हैंड पेंटिंग की संभावना, आगे-पीछे होनी वाली सीट और बिना दरवाजों की कार का निर्माण शामिल था। बैठक रतन टाटा के इस सुझाव के साथ खत्म हुई कि टीम अगले छह महीने तक परियोजना पर पूर्णकालिक काम करेगी। उन्होंने जरूरत पड़ने पर अतिरिक्त संसाधन मुहैया कराने का भी भरोसा दिया।

परियोजना की अनिश्चित प्रकृति का असर टीम के गठन पर भी पड़ा। पुणे में टाटा मोटर्स इंजीनियरिंग रिसर्च सेंटर स्थित इस टीम में विभिन्न इंजीनियरिंग शाखाओं से पाँच लोग लिए गए थे। इनमें से हर कोई अपने विभाग प्रमुख को रिपोर्ट कर रहा था। उत्पाद के लिए मानक तय न होने से इन इंजीनियरों की मुश्किल बहुत बढ़ गई थी। उन्हें खुद अपना काम चुनना था और मानक तय करने थे। लेकिन कुछ मोटा-मोटी मार्ग-निर्देश जरूर थे जिनके साथ उन्हें काम करना था।

रतन टाटा ने जिस छोटी कार की कल्पना की थी, उसमें परंपरागत ऑटोमोबाइल की तुलना में कम पुर्जे लगने थे, ऐसे पुर्जे जिन्हें जोड़ने में आसानी हो। इसीलिए मैन्युफैक्चरिंग के काम को बाँटने का सुझाव दिया गया। इसके तहत, एक मुख्य संयंत्र में पुर्जों का निर्माण होना था। फिर निर्मित पुर्जों को असेंबलिंग के लिए अन्य जगहों पर का विचार बना। इसका अर्थ था: चैनल पार्टनर बनाना, देश भर में रोजगार का सृजन करना, कार को अधिक परंपरागत आकार देना और संभार तंत्र की लागत में कटौती करना। यह असाधारण संकल्पना थी, लेकिन भविष्य में पैदा होने वाली समस्याओं और गुणवत्ता बनाए रखने में आने वाली मुश्किलों का अर्थ था और अधिक अन्वेषण के लिए परियोजना को आगे टाल देना। परियोजना से जुड़ी कई अन्य सोच की तरह, मैन्युफैक्चरिंग वितरण मॉडल पर भी विचार किया गया,

क्योंकि इससे लगान में कमी आती थी।

लागत कारक की वजह से शुरू में कुछ सुरक्षा प्रावधानों के साथ बिना दरवाजों वाली कार बनाने का सुझव दिया गया। फिर सुरक्षा के लिए शटर लगाने का सुझाव आया। एक अन्य विकल्प था मोटरयुक्त चौपहिया साइकिल का निर्माण। कार के शुरुआती रेखाचित्रों को देखिए। उनमें से लगभग कोई भी नैनो से नहीं मिलता। कारण सीधा-सादा था: सस्ती कार बनाना सामान्य या बिजनेस समझदारी की बात कभी नहीं रही। इस तर्क के कारण कार के प्रदर्शन मानकों, उसके इंजन, सुरक्षा उपायों और उत्सर्जन पर भी ध्यान दिया गया। इन सभी को नियामक और अन्य कसौटियों पर कसा जाना था। इनमें किसी भी तरह की लापरवाही की गुंजाइश नहीं थी। रतन टाटा इस बात को अच्छी तरह जानते थे।

रतन टाटा को ग्राहकों की नब्ज के बारे में पता था, क्योंकि उन्हें मोटरिंग के हर पहलू के बारे में अच्छा ज्ञान था। उनके इंजीनियरों ने छोटी कार का जो शुरुआती संस्करण तैयार किया था, उसे चलाने का उनका अनुभव अच्छा नहीं रहा। यह घटना 2005 के शुरू में पुणे स्थित टाटा मोटर्स टेस्ट ट्रेक पर घटी। कार में स्थानीय बाजार से खरीदा हुआ एक एकल-सिलिंडर इंजन लगा था और वह उतनी ही अच्छी थी जितनी कि कोई पुरानी फटीचर कार। लंबे डील-डौल वाले रतन टाटा इस कार में कैसे बैठे, यह रहस्य है। लेकिन कार से निकलने के बाद उन्होंने कहा, "मुझे इसे नहीं चलाना चाहिए था।" इस टिप्पणी से उनकी मनोदशा समझी जा सकती थी।

परियोजना के इन शुरुआती दिनों में विलंब के कारण निराशा और हताशा फैल रही थी। खच्चरनुमा कार को चलाने के बाद रतन टाटा को यकीन हो गया कि उनकी छोटी कार सचमुच की कार होनी चाहिए, जिसमें ग्राहकों को लुभाने के लिए इंजीनियरिंग का कमाल हो। तभी वह लोकप्रिय होगी। रतन टाटा की यह सोच बिलकुल सही थी कि उन्होंने अनजाने में जो लागत तय की थी, उसके भीतर ही सबकुछ करने से सफलता मिलेगी। कुछ महीने बाद, रतन टाटा ने छोटी कार का दूसरा संस्करण चलाया। इसमें पुणे स्थित टाटा मोटर्स फैक्टरी में निर्मित दो सिलिंडरों वाला इंजन लगा था। यह बेहतर तो था, लेकिन इसमें सुधार की जरूरत थी। यह पीड़ादायक, कदम-दर-कदम, लक्ष्योन्मुखी विकास प्रक्रिया की एक मिसाल है जो छोटी कार परियोजना का अभिन्न अंग बन गई।

परियोजना बिना किसी मानक के कोरे कागज पर शुरू हुई थी। लेकिन टाटा

मोटर्स के चेयरमैन सहित सभी कर्मचारी जानते थे कि उनकी छोटी कार को मारुति 800 का मुकाबला करना है जिसने कार के बारे में मध्यवर्गीय भारत की धारणा को बदल दिया। बाजार में लगभग 25 साल से जमी हुई मारुति बिक्री के मामले में अब भी आगे थी। अपनी इस सशक्त प्रतिद्वंद्वी को मात देने के लिए नैनो को एक्सेलेरेशन, ड्राइव कॉम्फर्ट, स्पेस और रूप-रंग जैसे कारकों में सुधार करना था। और यह सब अपनी प्रतिद्वंद्वी की आधी लागत से भी कम में करना था।

मारुति 800 भले ही दिमाग के किसी कोने में निशाना रही हो, लेकिन टाटा मोटर्स की छोटी कार हमेशा अपने ही दौड़ में मशगूल रही। इसके प्रदर्शन का लक्ष्य कभी तय नहीं किया गया था। नतीजा यह कि हर परीक्षण के बाद इसमें सुधार होता रहा। परियोजना के जनक इसे कड़ी-से-कड़ी परीक्षा से गुजार रहे थे।

परिस्थितिवश कंपनी के चेयरमैन बने रतन टाटा पहले दिन से ही छोटी कार परियोजना की प्रेरक शक्ति रहे। निराशाजनक प्रगति के बावजूद अपने लक्ष्य को हासिल करने के लिए उन्होंने इंजीनियरों और प्रोफेशनलों की टीम को अपने साथ जोड़े रखा, उसे प्रोत्साहित किया और उसकी सराहना एवं आलोचना भी की। वह दरअसल इस टीम के नायक थे। इसके बावजूद, उनके साथ काम करने वाले लोगों के अनुसार, इस उद्यम में रतन टाटा ने कैप्टन की बजाय टीम प्लेयर बनना अधिक पसंद किया। वे अपनी आस्तीनें मोड़ते हुए शॉप-फ्लोर के ब्योरे में डूब जाते थे और कार के स्वरूप से संबंधित इंजीनियरिंग की छोटी-सी-छोटी बातों पर गौर करते थे।

रतन टाटा छोटी-कार परियोजना से कितनी गहराई से जुड़े थे, इसका अंदाजा पुणे में उनके और युवा इंजीनियरों के बीच संबंध से समझा जा सकता है। युवा इंजीनियर अपने बीच उनकी उपस्थिति से विस्मित हो जाते थे और उन्हें श्रद्धा से देखते थे। यह श्रद्धेय व्यक्ति भी 98 से अधिक कंपनियों और 350,000 कर्मचारियों के समूह के नेतृत्व से अपना बहुमूल्य समय निकालकर उन्हें दे रहा था।

यह बेमेल संबंध समय गुजरने के साथ आस्था और एकात्मता की परस्पर अनुभूति में बदलता गया, लंबी यात्रा पर निकले नाविकों की तरह। रतन टाटा और टीम के सदस्यों के बीच संवाद ई-मेल या फोन कॉल के जरिए नहीं होता था। इसके विपरीत, काम के माहौल में वे आमने-सामने बैठकर अपने विचार व्यक्त करते थे। इस तरह के माहौल में एक-सबके-लिए और सब-एक-के लिए की भावना तारी

रहती थी। परियोजना के सामने आने वाली हर चुनौती, रास्ते में आने वाली हर रुकावट के साथ संबंध मजबूत होता गया। रतन टाटा के साथ अनायास ही छोटी-कार टीम के किसी अन्य सदस्य जैसा व्यवहार होने लगा था।

छोटी कार परियोजना पर काम शुरू होने से पहले, रतन टाटा पुणे और अन्य जगहों पर स्थित टाटा मोटर्स की फैक्टरियों में मिलन आयोजनों के प्रेरणा स्रोत हुआ करते थे। कॉन्फ्रेंस रूम के बाहर प्रजेंटेशन के बिना वे जिस तरह कंपनी के सर्वोत्तम युवा प्रतिभाओं से संवाद करते थे, वह सुखद और ज्ञानवर्द्धक क्षण हुआ करता था। इस तरह के संवाद की परंपरा 2000 के दशक के शुरू में पड़ी। छोटी-कार परियोजना से संबंधित ज्यादातर बैठकें पुणे में टाटा मोटर्स संयंत्र के पास स्थित खूबसूरत लेक हाउस में हुआ करती थीं। संवाद के लिए कोई एजेंडा या फूड-चेन हाइरार्की का मसला नहीं होता था। दरअसल, 23-35 आयु वर्ग के 10-15 लोगों के साथ खुली और अनौपचारिक चर्चा होती थी। सभी इंजीनियर खुले दिमाग से आते थे और अपनी-अपनी बात कहते थे।

जैसाकि टाटा मोटर्स में मुख्य वित्त अधिकारी सी. रामकृष्णन याद करते हैं, गेट-टुगेदर शाम को लगभग 7 बजे शुरू होता और आधी रात के बाद तक चलता रहता। चर्चा उत्साहजनक माहौल में होती, खासकर रतन टाटा की टेबुल पर। ढेर सारे विचारों का आदान-प्रदान होता, कुछ असहमतियाँ भी होतीं। बातचीत मोटरिंग और ऑटोमोबाइल उद्योग पर केंद्रित होती। चेयरमैन इस विषय पर प्रोफेशनलों की तरह ही खुलकर बात करते। उनकी पृष्ठभूमि भले ही वास्तुकार की रही हो, लेकिन वह एक ग्राहक और एक पारखी के नजरिए से कारों के डिजाइन, निर्माण, तकनीकी विशिष्टताओं और समग्र पैकेजिंग को देखते थे। जैसे-जैसे छोटी-कार परियोजना में प्रगति होती गई, यह ज्ञान बहुत अहम् साबित हुआ।

भारतीय अर्थव्यवस्था खुलने से पहले ग्राहक को भले ही झाँसा न दिया जाता रहा हो, लेकिन उसकी राय का बहुत महत्त्व नहीं था। इसके लिए केवल टाटा मोटर्स ही दोषी नहीं था। ऐसा केवल ऑटोमोबाइल में नहीं, बल्कि सभी उद्योगों में होता था। कहा जा सकता है कि रतन टाटा ने तिरस्कार की प्रवृत्ति को बदलने के लिए अपने संगठन में दूसरों की तुलना में बहुत कुछ किया। वे टाटा मोटर्स के कामकाज के तौर-तरीके की इसलिए आलोचना करते थे, ताकि कर्मचारी उन ग्राहकों के प्रति अहंकार का रवैया छोड़ दें, जिनके संरक्षण से कंपनी चलती है।

टाटा मोटर्स के भीतर इस बदले हुए रवैये और व्यवहार के कारण जिस पहली परियोजना से कंपनी को पूरा फायदा हुआ, वह ग्राहक केंद्रित मिनी ट्रक एस थी। मई 2005 में लॉन्च हुई 'एस' ने भारत में हल्के वाणिज्यिक वाहनों का बाजार बदल दिया। इसकी लोकप्रियता का अंदाजा इस तथ्य से लगाया जा सकता है कि लॉन्च होने के 20 महीने के भीतर इस प्रकार के मालवाहक के लिए लालायित ग्राहकों के चलते 100,000 से अधिक ट्रक बिक गए।

'एस' के विकास के दौरान जो अनुभव हुए, वे छोटी-कार परियोजना में बहुत काम आए, खासतौर पर बाजार की पसंद को समझने में। इसीलिए, मिनी ट्रक को सफलता की ऊँचाइयों तक पहुँचाने वाले मृदुभाषी, मोटरिंग के सभी पहलुओं के विशेषज्ञ, परिश्रमी और विशिष्ट जन प्रबंधक, इंजीनियर गिरीश वाघ को आने वाले समय में छोटी-कार परियोजना की भी जिम्मेदारी सौंपी जानी थी। लेकिन इसके पहले बहुत कुछ किया जाना था। वाघ की नियुक्ति होने तक यह काम रामकृष्णन ने किया। वे याद करते हैं कि टाटा मोटर्स में उस समय छोटी-कार को पवित्र पात्र और कार उद्योग में मिथ समझा जाता है।

रामकृष्णन उस समय मुंबई स्थित टाटा समूह मुख्यालय बाम्बे हाउस में रतन टाटा की मुख्य टीम के सदस्य थे। उनका काम पुणे में चेयरमैन और छोटी-कार टीम के बीच समय-समय पर बैठक आयोजित करना, संकट मोचन की भूमिका निभाना और इंजीनियरों के विचार सुनना था। यह 2003 की बात है और नैनो अब भी नवजात अवस्था में थी। उस समय तकनीकी विशिष्टताओं का मूल्यांकन किया जा रहा था और डिजाइन, सामग्री तथा अन्य चीजों पर लंबी-लंबी बहस चल रही थी। छोटी-कार टीम में इंजीनियरिंग, सोर्सिंग और प्लानिंग क्षेत्र के सर्वोत्तम प्रतिभा वाले लोग चुने गए थे। सन् 2004 के शुरुआत तक टीम के सदस्यों की संख्या बढ़कर 12 हो गई थी।

हर पहलू पर रतन टाटा के साथ चर्चा होती थी जो हर महत्त्वपूर्ण बैठक में भाग लेते थे। रामकृष्णन ऐसी चार बैठकों के बारे में याद करते हैं जिनमें चेयरमैन ने धातु के बजाय प्लास्टिक के पुर्जों के इस्तेमाल के पक्ष और विपक्ष में तर्क सुने। प्रगति की रफ्तार नौ दिन चले अढ़ाई कोस थी। हर चीज में बहुत लंबा समय लगने से रतन टाटा अधीर हो रहे थे। बुनियादी मुद्दों को सुलझना था, मूल्यों को परिभाषित करना था, काम को आगे बढ़ाना था, और नतीजों का मूल्यांकन करना

था। इतनी बड़ी और चुनौतीपूर्ण परियोजना के लिए यह कोई असामान्य बात नहीं थी, लेकिन चेयरमैन अपने इरादे से नहीं डिगे। 'एस' परियोजना को शक्ल लेने में तो इससे भी लंबा समय लगा था। लेकिन इस तथ्य के बावजूद चेयरमैन विलंब स्वीकार करने को तैयार न थे। बहरहाल, कंपनी के भीतर छोटी-कार परियोजना को लेकर निराशा और संदेह व्यक्त करने वाले लोगों की सूची लंबी होती जा रही थी, लेकिन टीम ने अपना आत्मविश्वास कभी नहीं खोया।

इंजन और ईंधन क्षमता कठिन प्रक्रिया का अंग थी। टाटा की छोटी-कार को इस मामले में मारुति 800 से श्रेष्ठ होना था, वरना स्कूटर या मोटरसाइकिल मालिक के लिए ऐसी कार खरीदना समझदारी की बात नहीं होती। चार्टर्ड अकाउंटेंट रामकृष्णन ने, जिन्हें इंजीनियरिंग प्रक्रिया के आयोजन और संचालन की जिम्मेदारी सौंपी गई थी, आशा और आकांक्षा में इस पहले चरण को किसी तरह गुजार दिया। रतन टाटा की तरह उन्हें भी विश्वास था कि कोई भी चीज असंभव नहीं है।

वाघ के परियोजना का प्रभार सँभालने तक रामकृष्णन हर शनिवार को पुणे में होते थे। ऐसा कोई 18 महीने तक चला। वह टीम के सदस्यों, इंजीनियरों और अन्य के साथ बैठते, सहायक सेवाओं की व्यवस्था करते, सोर्सिंग के लोगों से बात करते, अब तक हुई प्रगति का जायजा लेते और चेयरमैन को हालात की जानकारी देने मुंबई रवाना हो जाते। प्रगति की धीमी रफ्तार कभी-कभी खिन्नता पैदा करती और रतन टाटा को दी जाने वाली अद्यतन रिपोर्ट संतोषजनक की बजाय असंतोषजनक होती। लेकिन रतन टाटा अध्यवसाय और वचनबद्धता में विश्वास करते थे। इसलिए, उन्होंने धीरज नहीं खोया। हाँ, रामकृष्णन के सामने उनकी कुंठा स्पष्ट थी। बहरहाल, बिना कोई हल सुझाए केवल आलोचना करना चेयरमैन की प्रवृत्ति में नहीं था। यदि किसी कारणवश कोई रास्ता बंद हो जाता तो वे विकल्प के साथ हमेशा मौजूद रहते।

रामकृष्णन कहते हैं, "यदि किसी नतीजे के बारे में वह नाखुश होते हैं तो सुझाव देते हैं। मसलन, क्या आपने इसे इस नजरिए से देखा है ? क्या हम इसे इस तरह से कर सकते हैं ? आदि-आदि।" इस तरह की प्रतिक्रिया लोगों को आश्वस्त करती है और ऊर्जा से भर देती है। कभी-कभी वे किसी बैठक के एक दिन बाद हमारे पास आते और कहते, "आप लोग जानते हैं, कल मेरे दिमाग में एक विचार आया। हमने वहाँ एक चूककर दी है। हमें समस्या को दूसरे तरीके से देखना चाहिए।" वह कभी अपना आपा नहीं खोते। साथ ही, अपनी नाखुशी भी नहीं

छिपाते। वह पूरी तरह से पारदर्शी व्यक्ति हैं। चाहे वे आप से खुश हों या नाखुश, अपने विचारों को स्पष्ट रूप से व्यक्त करते हैं। हमें इसका अनुभव उस समय हुआ जब वे निराशा के दौर से गुजर रहे थे। लेकिन उनके साथ हमारी कुछ अच्छी बातचीत भी हुई।''

कहा जाता है कि आप जब कोई कार खरीदते हैं तो उसके डिजाइन में लगे ज्ञान के लिए पैसे देते हैं, न कि धातु और काँच के लिए। इस मानक से, इंडस्ट्रियल डिजाइनर निखिल आत्माराम जाधव नैनो टीम के महत्त्वपूर्ण सदस्य थे। भारतीय प्रौद्योगिकी संस्थान, मुंबई से डिजाइन में स्नातकोत्तर जाधव दिसंबर 2002 में छोटी-कार परियोजना में शामिल होने वाले चार सदस्यीय एडवांस्ड इंजीनियरिंग ग्रुप के अंग थे। उस समय उनकी उम्र कोई 30 वर्ष थी। बेहद छोटी टीम के साथ परियोजना को शुरू हुए एक साल हो चुका था, लेकिन कोई खास प्रगति नहीं दिख रही थी। इसलिए, काम में तेजी लाने और सीखने की प्रक्रिया की रफ्तार बढ़ाने की जरूरत महसूस की जा रही थी।

एडवांस्ड इंजीनियरिंग ग्रुप की स्थापना छोटी-कार के आकार, भीतर की वजह, वजन एवं इंजन, डिजाइन, मैटेरियल आदि के इंजीनियरिंग विकल्पों पर विचार करने के लिए की गई थी। टाटा मोटर्स इंजीनियरिंग रिसर्च सेंटर के जय बोलार, वाहन सुरक्षा विशेषज्ञ अनिल कुमार सी. और बॉडी सिस्टम्स इंजीनियरिंग के आर.जी. राजहंस इसके सदस्य थे। उस समय उनकी उम्र 20 से 30 के बीच थी और वे शीर्ष प्रबंधन से सीधे बात करते थे। लेकिन उनसे छोटी-कार परियोजना के बारे में खासतौर पर कुछ नहीं कहा गया था। चेयरमैन के दिमाग में एक ही बात थी: एडवांस्ड इंजीनियरिंग ग्रुप के सदस्य जो कुछ करेंगे और सीखेंगे, वह परियोजना के शुरू होने पर काम आएगा।

जाधव को छोटी-कार के डिजाइन और स्टाइलिंग विकल्पों की तलाश के लिए टीम में शामिल किया गया। वे शुरू में चकरा गए। उन्हें समझ में नहीं आ रहा था कि कहाँ से शुरू करें। उस समय तक इंजन की जगह, दरवाजों की संख्या और लागत तय नहीं की गई थी। बस, एक बात निश्चित थी: कार की लागत कम होगी और उसमें कोई तामझम नहीं होगा। कार के भीतर विभिन्न कल-पुर्जों की जगह निर्धारित करने के लिए डिजाइन का काम रेखाचित्रों और पैकेज लेआउट से शुरू हुआ। एडवांस्ड इंजीनियरिंग ग्रुप के लड़कों ने इंजन के संरूपण पर सोच-

विचार किया और उसे पीछे रखने का निर्णय लिया, ताकि आगे की जगह का अधिकतम उपयोग हो सके। इस तरह, कार का पहला संस्करण अस्तित्व में आया जो बहुत भोंडा दिख रहा था। इसे देखकर रतन टाटा को बहुत निराशा हुई।

इसके पहले, 2003 के शुरू की एक शाम को, पुणे में एडवांस्ड इंजीनियरिंग ग्रुप के जाधव और उनके अन्य सहकर्मियों से कहा गया कि अगली सुबह रतन टाटा उनसे बॉम्बे हाउस में मिलेंगे। सारे इंजीनियर घबरा गए, क्योंकि चेयरमैन को दिखाने के लिए उनके पास ज्यादा कुछ नहीं था। यहाँ तक कि बात करने के लिए भी कुछ नहीं था। टाटा मुख्यालय के प्रथम तल पर टाटा मोटर्स कॉन्फ्रेंस रूम में हुई बैठक में रतन टाटा ने बहुत सहज भाव से कहा कि वे प्रजेंटेशन की बजाय चर्चा करना चाहते हैं। वे ठीक-ठीक नहीं जानते थे कि उन्हें क्या चाहिए। लेकिन उनके दिमाग में एक बात स्पष्ट थी: छोटी-कार किस तरह की नहीं चाहिए। वे यह भी चाहते थे कि एडवांस्ड इंजीनियरिंग ग्रुप विकास प्रक्रिया के हर क्षेत्र, यहाँ तक कि सबसे गैर-परंपरागत क्षेत्र का पता लगाए। मिसाल के तौर पर, उन्होंने यह सुझाव दिया कि ग्रुप के सदस्यों को कार के सीट डिजाइन के बारे में फैसला करने से पहले फर्नीचर के कैटालॉग्स देखने चाहिए। संदेश स्पष्ट था: पुरानी सोच से बाहर निकलो।

लेकिन करनी से कथनी आसान होती है। शुरुआती कार का रंग सफेद था और उसमें 8.5 अश्वशक्ति का इंजन लगा था। उसकी बनत के लिए इटालियन डिजाइन हाउस आई.डी.ई.ए. (इंस्टीट्यूट ऑफ डेवेलॅपमेंट इन ऑटोमोटिव इंजीनियरिंग) से निविष्टि ली गई थी। इंस्टीट्यूट ने आगे चलकर नैनो को वर्तमान स्वरूप देने में महत्त्वपूर्ण भूमिका निभाई। रोबोटिक्स हैवी मोनोकॉकटेक्निक के बजाय अपेक्षाकृत सस्ता ढाँचा बनाने का तरीका चुना गया और छोटी-कार की तीन संकल्पनाएँ प्रस्तुत की गईं। इनमें से जो बहुत कुछ कार जैसी दिखती थी, रतन टाटा की सहमति से विकास के लिए चुना गया। इसके बाद डिजाइन के परिमार्जन का काम शुरू हो गया। बिना शीशे की ओपनिंग्स वाले बाह्य डिजाइन को 2005 के शुरू में अंतिम रूप दिया गया और इन-ऑर्गेनिक वुड से निर्मित एक मॉडल कंप्यूटर-एडेड डिजाइन (कैड) से तैयार किया गया। इस मॉडल की समीक्षा 1 अप्रैल, 2005 को गई। हालाँकि यह परिष्कृत मॉडल नहीं था, लेकिन भोंडा नहीं दिख रहा था।

इस वुड मॉडल को कभी स्वीकार नहीं किया जाता, क्योंकि वास्तविक प्रारूप

और कैड आउटपुट में जमीन-आसमान का अंतर था। स्टाइलिंग टेप को, जिन्हें नई डिजाइन रेखाओं को परिभाषित करने के लिए चिपकाया जाता है, मॉडल पर लगा दिया गया। इंटिरियर डिजाइन पर अभी तक काम प्रारंभ नहीं हुआ था—यह बाह्य डिजाइन का काम पूरा होने के लगभग छह महीने बाद कार विकास कार्यक्रम के तहत शुरू किया जाता है। लेकिन बाहर से कार को आकार दिया जा रहा था। नई फीचर्स और नई लाइनों का अनवरत प्रयोग किया जा रहा था। तब तक कार की लागत तय हो चुकी थी। इससे डिजाइन टीम की चिंता बढ़ गई कि वे काम को किस तरह आगे बढ़ाएँ। मिसाल के तौर पर, रतन टाटा को वर्टिकल हेडलाइट पैनल का डिजाइन दिखाया गया, जिन्होंने क्षैतिज संरूपण का सुझाव दिया। बाद में ऊर्ध्व हेडलाइट पैनल को ही चुना गया जिससे वर्तमान कार देखने में विशिष्ट लगती है।

दूसरी संकल्पना की कार भी बिना खिड़की और विंडशील्ड वाली थी। इसका रंग धूसर था और वह डिजाइन में अधिक खूबसूरत थी। आई.डी.ई.ए. से जुड़े इटालियन डिजाइनर जस्टिन नॉरेक इस समय विकास प्रक्रिया में मुख्य भूमिका निभा रहे थे। वे, जाधव और अन्य इंजीनियर टाटा मोटर्स के लिए स्टाइल की एक नई भाषा गढ़ रहे थे, अधिक आकर्षक और अधिक आधुनिक, जिसका इस्तेमाल नैनो और इंडिका के नए मॉडलों में किया गया। नॉरेक बुनियादी डिजाइनिंग के लिए हर महीने एक हफ्ते भारत में बिताते थे, जाधव विकास और परिमार्जन का काम करते थे और फिर वे दोनों एक साथ उसे अंतिम रूप देने में जुट जाते थे। जिस समय नए मॉडल का विकास किया जा रहा था, कैड का काम भी प्रगति पर था। फरवरी 2006 में जाधव और नॉरेक ने चेयरमैन के सामने प्रस्तुत करने के लिए कार का डिजाइन लगभग तैयार कर लिया था।

थोड़े-बहुत परिमार्जन के साथ जुलाई 2006 में छोटी-कार का लगभग अंतिम संस्करण तैयार हो गया। लेकिन टाटा पूरी तरह से संतुष्ट नहीं हुए। उनका मानना था कि कार देखने में बहुत भोथरी लगती है। इसलिए उन्होंने सुझाव दिया कि उसके नोक वाले हिस्से को आगे की तरफ थोड़ा फैला दिया जाए। इस सुझाव पर अमल किया गया और रतन टाटा को मनचाहा डिजाइन मिल गया। इसके बाद बनत में जो भी परिवर्तन किया गया, वह इतना नगण्य था कि उस पर किसी का ध्यान नहीं जाता था। डिजाइन के बारे में रतन टाटा की अच्छी समझ ने नैनो को अंतिम रूप देने में बहुत योगदान किया। और उनके सपने को साकार करने वाली डिजाइन टीम

ने एक ऐसा उत्पाद तैयार किया जिस पर वे सभी गर्व कर सकते थे।

जिस समय डिजाइन शक्ल ले रहा था, छोटी कार इंजीनियरिंग प्रस्तुतियों पैकेज, सस्पेंशन, इंजन और अन्य चीजों पर भी काम हो रहा था। छोटी कार का दिल यानी इंजन उसकी सफलता के लिए बहुत अहम् था। और यह तय करना कि न्यूनतम लागत और अधिकतम प्रदर्शन के समीकरण में कौन सा इंजन ठीक रहेगा, बहुत लंबी और कष्टसाध्य प्रक्रिया थी। टाटा मोटर्स से 1996 में जुड़ने वाले मैकेनिकल इंजीनियर सैम जॉनी याद करते हैं कि शुरू में जिस तरह से इंजन की खोज के लिए प्रयास किया जा रहा था, वह अनिश्चितता और निराशा भरा था।

जॉनी 2003 के अंत में छोटी-कार टीम में शामिल हुए। इसके पहले, टाटा मोटर्स ने एक आंतरिक सूचना जारी करके कहा था कि जो भी युवा इंजीनियर परियोजना से जुड़ना चाहते हैं, वे आवेदन कर सकते हैं। कुल 40 इंजीनियरों ने आवेदन किया था जिनमें से जॉनी सहित दो लोगों का चुनाव हुआ। जॉनी उस समय इंडिका विकास कार्यक्रम के अंग थे। छोटी-कार के बारे में लागत को छोड़ तब तक वस्तुतः कुछ तय नहीं हुआ था। हाँ, मोटा-मोटी कुछ संकल्पनात्मक विषय जरूर तय कर लिए गए थे।

जॉनी का फौरी काम इंजनों और वाहन प्रणालियों के बारे में सूचनाएँ एकत्र करना था। डाटा के लिए इंटरनेट एक महत्त्वपूर्ण स्रोत था। इसलिए वे ऑफिस के बाद साइबर कैफे में घंटों बिताया करते थे।

जॉनी और उनके सहकर्मी—उस समय छोटी-कार टीम में 10 लोग थे—इंटरनेट पर बिक्री के लिए उपलब्ध नई तथा पुरानी टेक्नोलॉजी और प्रोपराइटरी वाली छोटी कारों और छोटे इंजनों की तलाश कर रहे थे। ऑस्ट्रेलिया, इटली, अमेरिका और अन्य जगहों पर इंजन विक्रेताओं से संपर्क किया गया। उस समय योजना टाटा मोटर्स में इंजन बनाने के बजाय रेडीमेट इंजन खरीदने की थी। सात संभावित स्रोतों पर विचार किया गया। लेकिन जरू रत का इंजन उनके पास नहीं मिला। इंजन या तो बहुत बड़ा था या फिर उसमें ईंधन अधिक लगता था। कुछ इंजनों को लागत के आधार पर और कुछ को मैन्युफैक्चरिंग जटिलताओं के कारण खारिज कर दिया गया। ऐसा लगभग एक साल, 2004 के अंत तक चलता रहा। इसी समय घोषणा हुई कि टाटा मोटर्स खुद इंजन डिजाइन करेगी और बनाएगी।

खोज का नतीजा भले ही कुछ न निकला हो, लेकिन टीम के सदस्यों ने इस दौरान जो ज्ञान अर्जित किया, वह काम का था। इंजनों और बाजार में जो कुछ उपलब्ध था उसके बारे उनकी समझ बहुत बढ़ गई थी। कम लागत के कारण सिद्धांततः पेट्रोल इंजन को चुना गया। अल्युमिनियम की ढलाई के साथ इसमें दो सिलिंडर लगने थे। लेकिन सबसे बड़ी खोज खुद इंजन के बारे में थी। 'एस' परियोजना से जुड़े इंजीनियरों ने मिनी ट्रक में पॉवर के लिए एक डीजल इंजन को दो हिस्सों में विभाजित कर दिया था। लेकिन नैनो के लिए विकास टीम ने पूरी तरह से नया डिजाइन तैयार किया।

छोटी-कार की सुरक्षा प्रणाली और संरचना पर काम करने का भी पुरस्कार मिला। यह क्षेत्र अनिल कुमार का था जो टाटा मोटर्स में 15 साल से थे। उन्होंने ऑफिस के समय के बाद नैनो के विकास में योगदान करने का फैसला किया, हालाँकि उनके अधिकारियों ने उन्हें निरुत्साहित किया कि खुद अपना काम बहुत अधिक होने के कारण वे छोटी कार पर अपना ध्यान केंद्रित नहीं कर सकेंगे। लेकिन कुमार को चुनौती मंजूर थी। और यह चुनौती उस समय कई गुना बढ़ गई जब रतन टाटा ने जेनेवा में कार की कीमत के बारे में बयान दिया। एडवांस्ड इंजीनियरिंग ग्रुप के इंजीनियर छोटी-कार परियोजना में औपचारिक रूप से शामिल किए गए थे जबकि कुमार को एक एकल जिम्मेदारी के लिए ओवरटाइम काम करना था।

सन् 2005 की गरमियों तक, रतन टाटा को यकीन हो गया था कि छोटी-कार परियोजना को प्रोत्साहन की जरूरत है जो संभवतः एक भिन्न नेतृत्व से मिल सकता है। परियोजना टीम ने कड़े मानक तय किए थे और बहुत हद तक प्रगति भी की थी। लेकिन ऐसा लग रहा था कि किसी अदृश्य खामी के कारण परियोजना में विलंब हो रहा है। किसी दूसरे व्यक्ति की तुलना में चेयरमैन ने इस बात को सबसे अधिक महसूस किया। यह उनके हाव-भाव में भी दिखने लगा था। रविकांत टाटा मोटर्स के अभी-अभी नए प्रबंध निदेशक बने थे। इसके पहले वह कंपनी के कमर्शियल वेहिकिल्स डिवीजन के मुखिया थे। उन्होंने महसूस किया कि परियोजना की प्रगति से चेयरमैन असंतुष्ट हैं। उन्हें लगा कि गियर बदलने का समय आ गया है।

कांत उस समय तक छोटी-कार परियोजना से पूरी तरह नहीं जुड़े थे। वे कभी-कभार बैठकों में शामिल हो जाते और अपनी राय देते। 'एस' परियोजना उन्हीं

के दिमाग की उपज थी। उन्होंने ही गिरीश वाघ की क्षमता को पहचाना था और इस युवा इंजीनियर को दिसंबर 2000 में 'एस' परियोजना के विकास कार्यक्रम का प्रमुख बनने के लिए राजी किया था। कांत कहते हैं कि छोटी-कार परियोजना को इसी तरह के नेतृत्व की जरूरत थी। अगस्त 2005 में वाघ का तबादला 'एस' से नैनो में करने के साथ उन्होंने कुछ अन्य परिवर्तन भी किए। उन्होंने इन बदलावों की जानकारी जब रतन टाटा को दी तो उनकी आँखें चमक उठीं। कांत याद करते हैं, ''चेयरमैन ने सोचा कि परियोजना में नई जान फूँक दी गई है, कि निर्णायक क्षण आ गया है। यहाँ तक कि उस चरण में भी यह निश्चित नहीं था कि छोटी कार की कल्पना हकीकत में बदल सकेगी। अब वे संदेह खत्म हो चुके थे।''

आखिरी पासा फेंका जा चुका था: कांत परियोजना को आगे बढ़ाएँगे, कांत उसका नेतृत्व करेंगे और रतन टाटा समूचे कामकाज पर निगरानी रखेंगे। वाघ 'एस' टीम में शामिल नहीं होना चाहते थे, क्योंकि उस समय वह समूह-व्यापी बिजनेस सुधार कार्यक्रम टाटा मोटर्स एक्सेलेंस मॉडल (टी.बी.ई.एम.) के कामकाज में व्यस्त थे। इसके मार्गनिर्देशों के अनुकरण से समूह की कंपनियों को खूब लाभ हुआ था। लेकिन जब वाघ के सामने नैनो परियोजना में शामिल होने का प्रस्ताव रखा गया तो वह तुरंत राजी हो गए। 'एस' से जुड़ने की उनकी अनिच्छा का कारण यह था कि वह टी.बी.ई.एम. से गहराई से जुड़े थे और इस कार्यक्रम के कारण ही टाटा की विभिन्न कंपनियों और उनके कामकाज तक उनकी पहुँच थी। इसके अतिरिक्त, उन्हें उद्योग के विभिन्न विभागों की अच्छी जानकारी भी थी।

इस बात में कोई संदेह नहीं कि टी.बी.ई.एम. के जरिए ही वाघ पहली बार कांत की नजर में आए थे। ऐसा सन् 2000 के शुरू में हुआ जब एक टीम टी.बी.ई.एम. के पैमाने पर टाटा स्टील का मूल्यांकन कर रही थी और कांत इस प्रक्रिया के निर्णायक थे। उस टीम में वाघ भी शामिल थे। कांत इस युवा मूल्यांकनकर्ता की लगन से बहुत प्रभावित हुए। उन्होंने वाघ को एक तरफ खींचकर उनसे मुंबई आने और अपने ऑफिस में काम करने को कहा। जवाब में वाघ ने कहा, ''मैं पुणे से बाहर किसी स्वतंत्र नियुक्ति पर काम करना अधिक पसंद करूँगा।'' कुछ महीने बीत गए और कांत ने अनिच्छुक इंजीनियर से एक बार अपने फैसले पर विचार करने को कहा। इस बार उन्होंने 'एस' परियोजना की अगुआई करने की पेशकश की। टाटा मोटर्स के गुणवत्ता सुधार कार्यक्रम में आकंठ डूबे वाघ ने एक बार फिर न कहने

की कोशिश की। लेकिन नहीं कह सके।

कांत के थोड़ा रोब दिखाने और फुसलाने के बाद वाघ ने अपना विचार बदल दिया। लेकिन इसके पहले थोड़ा नाटक हुआ। कांत ने कहा, "फिर मना करने पर मैं यह मान लूँगा कि सामने बैठा व्यक्ति अग्रिम मोर्चे पर नहीं आना चाहता और चुनौतीपूर्ण भूमिकाओं से दूर भागता है।" इससे वाघ के मर्म को बहुत चोट लगी। उन्होंने कहा, "कल सुबह से मैं आपकी सेवा में हाजिर रहूँगा।" इस तरह, दिसंबर 2000 में, 'एस' परियोजना को अपना सर्वोत्तम प्रमुख मिला और वाघ ने महसूस किया कि व्यवसाय में केवल उत्कृष्टता ही पर्याप्त नहीं होती।

रतन टाटा से 29 वर्षीय वाघ की पहली मुलाकात 2000 में लेक हाउस की एक बैठक में हुई थी। यह रामकृष्णन द्वारा आयोजित बैठकों में से एक थी। यह दरअसल डिनर पार्टी थी जिसमें टाटा मोटर्स में लागत घटाने पर बहस पर छिड़ गई। एक तर्क यह दिया गया कि संचार और ऐक्सल विभागों को मातृ कंपनी से अलग कर दिया जाए। वाघ ने अपने ठोस तर्कों से इसका जबर्दस्त विरोध किया। रतन टाटा बहुत प्रभावित हुए। उन्होंने हस्तक्षेप करते हुए कहा, "चिंता मत करिए। मैं कल (इन डिवीजनों को) बेचने नहीं जा रहा हूँ।" फिर उन्होंने वाघ को अपना टेलीफोन नंबर देते हुए कहा, "जब भी जरूरत हो, फोन करने में मत हिचकना।"

कोई चार साल बाद, 2003 के आखिर में, वाघ को चेयरमैन से सीधे बातचीत करने का दूसरा मौका मिला। इस बार टाटा पॉवर बोर्ड के सामने प्रजेंटेशन देने वाली टी.बी.ई.एम. मूल्यांकन टीम के प्रमुख के रूप में। प्रजेंटेशन खत्म होने के बाद, रतन टाटा ने वाघ को अपने ऑफिस में मिलने के लिए कहा। रोमांचित वाघ ने उस शख्स के साथ 45 मिनट बिताए, जिसके वह प्रशंसक होने के साथ-साथ उस पर श्रद्धा भी रखते थे। रतन टाटा ने प्रजेंटेशन में सुधार लाने के लिए उन्हें कुछ टिप्स दिए, फिर जारी 'एस' परियोजना पर चर्चा की, और अंत में पूछा कि क्या वह छोटी-कार टीम में शामिल होना, संभवत: उसकी अगुआई करना चाहेंगे। अंतिम मुद्दे पर अगले 18 महीनों तक ज्यादा कुछ नहीं हुआ। लेकिन इतना तय था कि वाघ को परियोजना की टीम में शामिल करने का फैसला अप्रत्याशित साबित नहीं होता।

वाघ अंतत: अगस्त 2005 में छोटी-कार परियोजना में शामिल हो गए। इसी महीने रविकांत ने टाटा मोटर्स के प्रबंध निदेशक का पद सँभाला था। वह याद करते हैं कि पिछली बार जब उन्होंने वाघ के सामने एक प्रस्ताव रखा तो क्या हुआ।

दरअसल, इस बार उन्होंने वाघ के भागने के सारे रास्ते बंद कर दिए थे। कांत ने कहा, ''गिरीश, मैं तुमसे कुछ कहने जा रहा हूँ। तुम कुछ नहीं बोलोगे, सिर्फ सुनोगे। तुम्हारा तबादला फौरान छोटी-कार परियोजना में किया जा रहा है। तुम टीम का नेतृत्व करोगे और सीधे मुझे रिपोर्ट करोगे। तुम्हें चेयरमैन के साथ अकसर बातचीत करनी होगी। वाघ शांत थे। उनसे पूछा गया कि वह क्या सोच रहे हैं। उन्होंने जवाब दिया, ''आपने मुझे बोलने से मना किया था।'' तीन दिन बाद जब रतन टाटा परियोजना की समीक्षा करने पुणे आए तो वाघ के चेहरे पर खुशी थी। चेयरमैन ने युवा इंजीनियर से हाथ मिलाया और टीम में शामिल होने के लिए धन्यवाद दिया।

वाघ ने जब अपनी नई जिम्मेदारी सँभाली तो उनके सामने विशाल चुनौतियाँ थीं। सबसे अच्छी बात यह थी कि वे प्रबंध निदेशक और चेयरमैन पर पूरा भरोसा कर सकते थे, विफलता की स्थिति में उनके समर्थन के प्रति आश्वस्त हो सकते थे। हाँ, जो लोग उन्हें रिपोर्ट नहीं करते थे, उन पर निर्देशों के पालन के लिए दबाव डालना मुश्किल था। इसलिए टीम के सदस्यों में यह भावना भरनी थी कि उन्हें निर्देशों का इंतजार करने के बजाय खुद पूरी क्षमता से काम करना चाहिए। टीम एवं परियोजना, वाघ और उन पर भरोसा करने वाले दो व्यक्तियों की सोच जल्दी ही सकारात्मक हो गई।

छोटी-कार की समस्याओं को सुलझने में कांत का योगदान उतना ही महत्त्वपूर्ण था जितना कि रोजमर्रा की समस्या को हल करने में वाघ का। उन्होंने उन दीवारों को गिराने में किसी भी व्यक्ति की तुलना में अधिक मदद की जिनके कारण टाटा मोटर्स पदानुक्रम वाला संगठन बन गया था। इस काम में अनुभवी इंजीनियर प्रकाश तैलंग का पुरजोर समर्थन मिला, जो अगस्त 2009 में कंपनी के इंडिया ऑपरेशंस के प्रबंध निदेशक बने। कांत हिचक एवं संशय को दूर करने और नौकरशाही सरीखे पदानुक्रम को खत्म करने की अहमियत को समझते थे। इसलिए, उन्होंने स्पष्ट संदेश भेजा कि छोटी-कार का निर्माण संगठन का लक्ष्य है। और रतन टाटा इस लक्ष्य को हर हाल में पूरा करना चाहते हैं।

नैनो के विकारा के दौरान, उसके आकार-प्रकार के बारे में पूरी संकल्पना ही बदल गई। दबाव में परियोजना को सिंगूर से साणंद ले जाने और राजनीतिक एवं अन्य विवाद शुरू होने से पहले, जिनके कारण परियोजना की मुश्किलें कई गुना

बढ़ गई थीं, दूसरे फंदों से निकलना था।

जिस समय रतन टाटा ने लखटकिया कार का वादा किया था, तब से अब तक सामान की कीमतें आसमान छूने लगी थीं। परियोजना शुरू होने के बाद काफी समय बीत चुका था। टीम और नेतृत्व में परिवर्तन हो गया था। और नए नियामक नियमों के कारण लागत बढ़ गई थी। केवल कीमत का वादा अटल था। कांत ने सब लोगों से कहा कि वे इस कारक को ध्यान में रखें। एक बार तो उन्होंने यहाँ तक धमकी दे दी थी कि अगर लागत का समीकरण गड़बड़ाया तो परियोजना ठंडे बस्ते में डाली जा सकती है।

कांत और वाघ ने जब परियोजना का भार सँभाला तो रामकृष्णन उससे अलग हो गए। अब उन्हें हर शनिवार को पुणे नहीं जाना पड़ता था। जहाँ तक नैनो का सवाल है, आने वाले दिनों में उसे भारी-भरकम चुनौतियों का सामना करना था। गुजराती और अंग्रेजी में नैनो का अर्थ छोटा होता है। यह शब्द ग्रीक मूल नैनोस से निकला है जिसका अर्थ बौना होता है। बहरहाल, इनमें से कुछ चुनौतियों का पूर्वाभास हो गया था और कुछ का नहीं हो सकता था। नैनो परियोजना में आने वाली बाधाओं से उबरने और भारत तथा भारतीयों को सस्ती कार देने के लिए केवल गांधीवादी इंजीनियरिंग से काम नहीं चलने वाला था। गांधीवादी इंजीनियरिंग शब्दावली का इस्तेमाल सबसे पहले न्यूयॉर्क टाइम्स ने किया था।

और कुछ नहीं तो कम-से-कम प्रेरणा के लिए फोर्ड मॉडल टी था। सन् 1908 में 850 डॉलर (सन् 2009 में लगभग 20,000 डॉलर या 10 लाख रुपए) की लागत पर लॉन्च किए गए इस मॉडल में 20 हॉर्सपॉवर, चार सिलिंडर वाला इंजन था। इसकी अधिकतम गति 45 मील प्रति घंटा और ईंधन क्षमता 15-20 मील प्रति गैलन थी। 1920 के दशक के मध्य तक मॉडल टी की कीमत घटकर 260 डॉलर हो गई, निजी ट्रांसपोर्ट के बारे में लोगों की सोच बदल गई, मनुष्य एवं कार के बीच टिकाऊ प्रेम के बीज पड़ गए, और कुछ लोगों के तर्क के अनुसार पूँजीवाद की दिशा बदल गई। फोर्ड मॉडल टी ने इस तरह का प्रेम पैदा किया था। ई.बी. पांइट ने *न्यूयॉर्कर* पत्रिका में 1936 में *'फेयरवेल, माई लवली'* शीर्षक से मॉडल टी के बारे में एक सटीक शोकगीत लिखा था, ''मैं अब भी महसूस करता हूँ कि मेरी पुरानी फोर्ड मोड़ पर मुझे थुथनिया रही है मानो मेरी जेब में सेब खोज रही है।''

हेनरी फोर्ड ने अपने कुछ कर्मचारियों की मदद से 20 साल में 1.5 करोड़ से अधिक मॉडल टी कारों का निर्माण किया और आज के हिसाब से 190 अरब डॉलर के मालिक बन गए। उन्होंने मुश्किलों के प्रति यथार्थवादी नजरिया अपना लिया। ''इतिहास कमोबेश है। यह परंपरा है। हम वर्तमान में रहना चाहते हैं, और इतिहास वही है जो आज हम बनाते हैं।'' रतन टाटा भी यथार्थवादी हैं, लेकिन सख्त बूढ़े हेनरी से अधिक भावुक, अतीत के अधिक प्रशंसक। लेकिन एक ऐसा धागा भी है जो दोनों व्यक्तियों को कहीं-न-कहीं जोड़ता है। जैसाकि लेखक सीन ओ' ग्रेडी कह सकते हैं, रतन टाटा की नैनो ''फोर्ड की अदम्य इच्छाशक्ति के प्रति सुंदर श्रद्धांजलि है''।

□

2

चुनौतियाँ

"मेरे खयाल से ऑटोमोबाइल मैन्युफैक्चरिंग के इतिहास में किसी भी उद्यम को उतनी चुनौतियों का सामना नहीं करना पड़ा जितना कि नैनो को।" अतिरंजना से दूर रहने वाले रविकांत के इन शब्दों को सुनकर आप आसानी से अंदाजा लगा सकते हैं कि टाटा मोटर्स को छोटी-कार का लक्ष्य हासिल करने के लिए लगभग एक दशक तक कितनी चुनौतियों से निपटना पड़ा। नैनो के विकास की अवधि में कंपनी के प्रबंध निदेशक रहे कांत जब चुनौतियों की संख्या गिनाते हैं तो यह स्पष्ट हो जाता है कि बाह्य तत्त्वों से निपटने के बजाय कार का निर्माण अपेक्षाकृत आसान है। इन्हीं बाह्य तत्त्वों के कारण परियोजना में विलंब होता गया और इससे जुड़े लोग हताश होने लगे थे।

इंजीनियरिंग के मोर्चे पर, नैनो टीम के लिए डिजाइन का उपयुक्त समाधान ढूँढ़ना, इंजीनियरिंग का सही पैकेज हासिल करना और लागत की कड़ी सीमा के भीतर इन सबका प्रबंध करना सबसे बड़ी चुनौतियाँ थीं। ये चुनौतियाँ अकसर एक-दूसरे से जुड़ी होती थीं। एक क्षेत्र में लिए गए फैसले बाकी दो क्षेत्रों को प्रभावित करते थे। महान् परीक्षा तो साशिज से भरे दुर्भावनापूर्ण विरोध का मुकाबला करना था। इस विरोध के कारण ही टाटा मोटर्स को पश्चिम बंगाल में सिंगूर स्थित अपने प्लांट को बंद करना पड़ा, आनन-फानन में दूसरे स्थान की तलाश करनी पड़ी, मूल उत्पादन अवसंरचना को विघटित कर गुजरात स्थित साणंद ले जाना पड़ा और

अंतरिम मैन्युफैक्चरिंग यूनिटें उत्तराखंड स्थित पंतनगर में लगानी पड़ीं।

कांत ने जब नैनो विकास कार्यक्रम का प्रभार सँभाला, और उसकी अगुआई के लिए अगस्त 2005 में गिरीश वाघ नाम के एक युवा एवं सक्रिय इंजीनियर को राजी किया तो उस समय बाहरी मुश्किलें पैदा नहीं हुई थीं। परियोजना रेंग रही थी, इसलिए उसे उत्प्रेरक की जरूरत थी। कई कॉरपोरेट और मार्केटिंग जंग के अनुभवी कांत, और युवा इंजीनियर वाघ को छोटी-कार परियोजना में तेजी लाने और उसे लक्ष्य तक पहुँचाने के लिए उत्प्रेरक का काम करना था।

परियोजना के संचालन के लिए वाघ के पास टाटा मोटर्स इंजीनियरिंग रिसर्च सेंटर (ई.आर.सी.) और स्रोत क्रियाकलाप के अलावा छह इंजीनियरों की एक मुख्य टीम थी। उन्हें टाटा मोटर्स के चेयरमैन रतन टाटा और व्यापक इंजीनियरिंग ज्ञान वाले संगठन का भी पूरा समर्थन हासिल था। परियोजना के रफ्तार पकड़ने पर वाघ इंडिया ऑपरेशंस के वर्तमान प्रबंध निदेशक प्रकाश तैलंग और ई.आर.सी. के तत्कालीन मुखिया रमेश आकर्ते जैसी अनुभवी व्यक्तियों पर आश्रित हो गए। कंपनी में वाघ के विकास के शुरुआती चरण में आकर्ते उनके गुरु और गाइड थे।

परियोजना में वाघ के शामिल होने के कुछ महीने बाद आकर्ते को भी उससे जोड़ लिया गया। आकर्ते ने बहुमूल्य योगदान किया। वाघ याद करते हैं, "आकर्ते के साथ रहने से हमारा मनोबल बहुत बढ़ गया था। उनमें इंजीनियरिंग के किसी भी स्तर पर निर्णय लेने, हमारी टीम को अधीर न होने देने और हमारे भीतर विश्वास पैदा करने की क्षमता थी।"

परियोजना के इस चरण में विश्वास बहुत महत्त्वपूर्ण था। फैसलों को टाला नहीं जा सकता था, जैसाकि शुरुआती, संकल्पनात्मक चरण में हुआ करता था। चारों तरफ अफरा-तफरी का माहौल था, क्योंकि समीक्षा बैठकों में रतन टाटा की भागीदारी बढ़ती जा रही था। वाघ कहते हैं, "हम किसी भी कीमत पर आगे बढ़ना चाहते थे। बहस और कागज पर काम करने का समय बीत चुका था। हम जानते थे कि अधिक-से-अधिक हम विफल हो जाएँगे। लेकिन यह बात हमारे लिए मायने नहीं रखती थी।"

कार की बनत को अभी तक अंतिम रूप नहीं दिया गया था, लेकिन वाघ और उनके इंजीनियरों ने आगे बढ़ते हुए इसका आरंभिक नमूना बनाना शुरू कर दिया।

इस तरह का फैसला लेना आसान काम नहीं था। टीम के कुछ सदस्यों का विचार था कि डिजाइन पर रतन टाटा की मुहर लगने तक कार पर आगे काम शुरू नहीं होगा। लेकिन अकार्ते और वाघ की सोच अलग थी और दिसंबर 2005 तक उन्होंने चेयरमैन के परीक्षण के लिए एक कार तैयार कर दी। चेयरमैन कार से संतुष्ट नहीं थे। उनका मानना था कि कार के गतिवर्धन में कुछ कमी रह गई है। यह महसूस करते हुए कि नैनो को हर मामले में मारुति 800 से बेहतर होना है, उसमें 543 सी.सी. के बजाय 586 सी.सी. क्षमता वाला इंजन लगाने का निर्णय लिया गया।

छोटी कार के नए नमूने में अनवरत चलनेवाली परिवर्तनीय वाहन प्रणाली लगी थी। यह नवसिखुओं के लिए बिना गियर की कार थी, लेकिन इसका गतिवर्धन टाटा की कसौटी पर खरा नहीं उतरता था। तब वाघ और आकर्ते ने सामान्य चार गति वाली हस्तचालित वाहन-प्रणाली का विकल्प चुना। कांत चाहते थे कि नई वाहन प्रणाली तीन महीने में तैयार हो जाए। लेकिन इस समय सीमा के भीतर वाहन प्रणाली का डिजाइन बनाना, उसका निर्माण करना और फिर उसे कार में लगाना चुनौतीपूर्ण काम था। वाघ कहते हैं, ''लेकिन चार महीने में हमने सबकुछ कर लिया, डिजाइन बनाने से लेकर उसे कार में लगाने तक।'' रतन टाटा को अगस्त 2006 में हस्तचालित वाहन प्रणाली वाला पहला नमूना दिखाया गया। ''उन्होंने कहा कि सुधार तो हुआ है, लेकिन पर्याप्त नहीं। हमें निष्पादन, पॉवर, गतिवर्धन को बेहतर बनाने की जरूरत है।''

चेयरमैन को खुश करने के लिए चीजों को बेहतर तो बनाना ही था, उससे कहीं ज्यादा चंचल मन भारतीय ग्राहक की उम्मीदों पर खरा उतरना था। सन् 2007 के शुरू तक 623 सी.सी. का एक इंजन और एक दूसरा नमूना तैयार कर लिया गया। जिस समय इस इंजन को परिमार्जित किया जा रहा था, बहुत सारी दूसरी गतिविधियाँ भी चल रही थीं। मसलन, सिंगूर में कारखाना लगाना, उत्पादन के लिए उपकरण एवं टेक्नोलॉजी का मूल्यांकन करना, आपूर्तिकर्ताओं के साथ अनुबंध करना, उपयुक्त यंत्रों की खोज करना और डाइज के लिए ऑर्डर देना। जुलाई 2007 तक अंतिम नमूना तैयार कर लिया गया। रतन टाटा ने इसे हरी झंडी दिखा दी। लेकिन इंजन का काम यहीं खत्म नहीं हुआ। आज हम नैनो के पीछे लगा जो इंजन देखते हैं, वह इंजीनियरिंग की कारीगरी का उत्कृष्ट नमूना है। वाघ के शब्दों में, ''इसमें

सैकड़ों सुधार किए गए।''

इस बीच, रतन टाटा परियोजना की अन्य खामियों को दूर करने पर जोर दे रहे थे। वाघ संयंत्र की योजनाओं के कार्यान्वयन में हो रही देरी से चिंतित थे, क्योंकि टीम कार पर अभी भी काम कर रही थी। लेकिन चेयरमैन की चिंता यह नहीं थी। वाघ को परियोजना प्रमुख बनाए जाने के तुरंत बाद, नवंबर 2005 में रतन टाटा ने एक बातचीत में कहा, ''मेरे शब्दों को गाँठ बाँध लीजिए, यह ऐसा उत्पाद होगा, जो समय की परिपाटी को नियंत्रित करेगा, न कि उत्पादन इकाई को।'' बाद में वे गलत और सही दोनों साबित हुए। लेकिन उस समय कौन जानता था कि भविष्य में क्या-क्या उतार-चढ़ाव आने वाला है।

हालाँकि 2007 के मध्य तक, एक लक्ष्य पूरा नहीं होता कि नया लक्ष्य तय कर दिया जाता। एक लाख रुपए के लक्ष्य को हासिल करने के लिए छोटी-कार टीम को उत्पाद एवं उसके पुर्जों, माल एवं निर्माण सुविधाओं, संभार और ग्राहक सेवा पर लागत संहिता कड़ाई से लागू करनी पड़ी। वाघ फैसले से पहले होने वाली लंबी और थकाऊ बैठकों की व्याख्या के लिए 'मानसिक उन्माद' शब्द का इस्तेमाल करते हैं। ''हमने अपने लोगों से धीरज रखने के लिए कहा। और उन्होंने धीरज रखा।''

लेकिन इसमें थोड़ी समस्या थी। किसी उत्पाद की डिजाइनिंग या मोटरगाड़ी निर्माण की कोई प्रक्रिया रचनात्मक प्रयास होती है। इसमें ऊर्जा के अलावा समय भी बहुत खर्च होता है। यह सब उस समय असह्य हो जाता है जब एक ही चीज पर बार-बार काम करना पड़ता है और उसे खारिज कर दिया जाता है। वाघ कहते हैं, ''अगर कोई व्यक्ति किसी काम में जी-जान लगा देता है और उसके प्रयास को खारिज करते हुए उसी काम को बेहतर या पाँच-छह बार करने के लिए कहा जाता है तो वह शारीरिक रूप से उतना नहीं थकता जितना कि मानसिक रूप से।'' आखिर नैनो टीम ने इससे कैसे छुटकारा पाया? ''इसके पीछे निश्चित रूप से प्रतिबद्धता थी। विफलता का डर भी नहीं था। टीम के सदस्य जानते थे कि वे भले ही अपना लक्ष्य हासिल न कर पाएँ, लेकिन उन्हें उसके पास तक पहुँचना है।''

नैनो की बनत विस्तारित लक्ष्यों की मिसाल है। ये लक्ष्य छोटी-कार के विकास की विशेषता बन गए थे। जुलाई 2006 में बनत को अंतिम रूप दिया गया।

लेकिन रतन टाटा ने सोचा कि कार का अगला भाग विषम है। समय सीमा सिर पर होने के कारण, उनकी चिंता यह थी कि अब डिजाइन के बारे में किसी भी तरह का सुझाव देने से परियोजना में विलंब होगा। लेकिन विकास टीम और रविकांत चेयरमैन से सहमत थे कि अगले भाग में परिवर्तन की जरूरत है। सो, नैनो के थूथुन यानी अग्रभाग पर 50 मि.मी. जोड़ दिया गया। यह मामूली बदलाव था, लेकिन कार के समग्र रूप पर इसका महत्त्वपूर्ण प्रभाव पड़ा। नए थूथुन को सही तरीके से लगाना मुश्किल काम था।

डिजाइन विशेषज्ञ निखिल जाधव और उनके साथियों ने दो हफ्ते तक प्रतिदिन 20 घंटे काम किया। इस तरह, उन्होंने दो हफ्ते में यह काम पूरा कर दिया, जबकि इसमें सामान्यत: एक महीने तक का समय लगता है। इसका कारण यह है कि कार के अनुभाग की लंबाई बढ़ाने का काम भले ही छोटा दिखता है, लेकिन इससे लैंप, पहियों के आधार बेस और समूचा ढाँचा प्रभावित होता है। रतन टाटा नतीजे से संतुष्ट थे। और जाधव ने उस समय राहत की साँस ली जब अगस्त 2006 में नई डिजाइन को ओके कर दिया गया। यह एक लंबी और कठिन यात्रा थी, लेकिन इसका पुरस्कार भी मिला। कार का मॉडल अब तैयार किया जा सकता था।

कंप्यूटर से समूची कार का डिजाइन तैयार किया गया और वास्तविक इंजीनियरिंग का काम जोर-शोर से शुरू हो गया। यह वैसा ही काम था जैसाकि कोई सिविल इंजीनियर वास्तुकार के डिजाइन के अनुसार इमारत खड़ी करता है। सिविल इंजीनियर इंजीनियरिंग के नजरिए से यह तय करता है कि व्यवहार्य क्या है, क्या करना खर्चीला होगा और क्या नहीं किया जा सकता। नैनो परियोजना की डिजाइन टीम ने कार की 'वास्तुकारिता' का काम पूरा कर लिया था। सो, इंजीनियरिंग के लोगों ने उसके निर्माण का काम शुरू दिया। इसी चरण में यह पता लगाया जाता है कि क्या संभव है और क्या नहीं। मिसाल के तौर पर, कार की साइड में लगे एयर स्कूप्स को, जो इंजन तक हवा पहुँचाते हैं, बदलना पड़ा। जब एयर कंडीशनिंग लगाई गई तो कार के सामने खुली जगह छोड़नी पड़ी। फॉग लैंप्स की जगह बनाने के लिए बंपर को बदलना पड़ा।

जब यह विचार सामने आया कि महँगे मॉडलों की विशेषताओं, ग्राहक की आवश्यकतानुरूप अतिरिक्त सामान आदि से युक्त नैनो का अर्थ विभिन्न लोगों के

लिए विभिन्न हो सकता है, तो कार की इंजीनियरिंग और अधिक जटिल हो गई। लेकिन आराम तथा गुणवत्ता के मामले में कार बहुत समृद्ध हो गई। दस्तकारी का काम 2007 में शुरू हुआ और दिल्ली ऑटो एक्सपो, 2008 में कार का अनावरण होने तक जारी रहा। कोई भी चीज ऐसी नहीं थी जो रतन टाटा के नजरों से चूक जाए, कोई भी काम ऐसा नहीं था जिसे उनकी टीम नहीं कर सकती थी।

ऐसा खासतौर पर भीतर के हिस्से के मामले में होता है जहाँ डिजाइन के तत्त्वों और इस्तेमाल होने वाली सामग्री की संख्या बाहरी हिस्से की तुलना में बहुत अधिक होती है। नैनो के भीतर के हिस्से के लिए एक साथ दो डिजाइन थीम्स बनाई गईं। एक थीम इटालियन डिजाइन हाउस आई.डी.ई.ए. और दूसरी टाटा डिजाइन टीम ने विकसित की थी। आई.डी.ई.ए. जहाँ पुणे से मिले निविष्टि पर काम कर रहा था, वहीं छोटी-कार टीम ने सोचा कि उसके अपने डिजाइन इंजीनियरों को भारतीय बाजार और उसकी जरूरतों की बेहतर समझ है। इस व्यवस्था से उत्पन्न स्पर्धा इतनी स्वस्थ थी कि अंतिम मॉडल में दोनों डिजाइनों के इस्तेमाल का फैसला किया गया।

लागत को हमेशा ध्यान में रखा गया। यही वजह है कि टाटा मोटर्स की टीम ने डैशबोर्ड का जो डिजाइन तैयार किया था, उसे छोड़कर आई.डी.ई.ए. के समाकलित कॅन्सोल को अपना लिया गया। दरअसल, दोनों डिजाइन में से किसी में भी सामान रखने की जगह का प्रावधान नहीं था। इसके अतिरिक्त, लागत को ध्यान में रखते हुए सीट में ही हेडरेस्ट बनाया जाना था। रतन टाटा ने सोचा कि इससे कार ज्यादा भरी-भरी सी दिखेगी। तब छेद वाले हेडरेस्ट का विचार आया। कार के भीतर की सभी सजावट और प्लास्टिक डिजाइन के तत्त्वों का, जो कार के इंटिरियर को आकर्षक बनाते थे, एक मकसद था। हालाँकि कार में तड़क-भड़क के लिए कुछ नहीं किया गया था, लेकिन यह बात शुरू से ही स्पष्ट थी कि महँगे दो संस्करणों में बेस मॉडल की तुलना में अधिक विशिष्टिताएँ रहेंगी। इसका अर्थ था, भिन्न-भिन्न स्टियरिंग ह्वील्स और फ्लोर कॅन्सोल्स।

ऑटो एक्सपो में अनावरण के लिए सात शो कारें बनाई गईं। ये कारें असेंबली लाइन से नहीं आई थीं। इन्हें पुणे स्थित इंजीनियरिंग रिसर्च सेंटर की एक नमूना बनाने वाली कार्यशाला में बहुत सावधानी से टुकड़ों-टुकड़ों में तैयार किया गया

था। इन कारों को ऐसी जगह रखा गया था जहाँ मोबाइल फोन और कैमरा ले जाने की इजाजत नहीं थी। इस अति सुरक्षित जोन तक पहुँच रखने वाले टाटा मोटर्स के करीब सौ लोगों में जाधव भी थे। वह याद करते हैं, ''इसमें प्रवेश करने से पहले एक रजिस्टर पर दस्तखत करने पड़ते थे और विकास टीम से जुड़े होने का सबूत देना पड़ता था। हम प्राय: रातभर काम करते थे। थोड़ी फुरसत के दिनों में हम आधी रात तक रहते थे और फिर सुबह 6 बजे हाजिर हो जाते थे।''

जाधव नैनो के विशाल डिजाइन बनाने और फिर से उसपर काम करने के बारे में दार्शनिक अंदाज में बात करते हैं, ''डिजाइन के बारे में अव्यावहारिक नहीं होना चाहिए। आप अपने विचारों को नहीं थोप सकते, अकेले कार नहीं बना सकते। आप स्केच बना सकते हैं, लेकिन उसे कार में बदलने के लिए 100-200 लोगों की जरूरत पड़ेगी। आप में टीम भावना होनी चाहिए, लेकिन आपको अपने क्षेत्र के हितों की रक्षा भी करनी पड़ेगी।'' निविष्टि लेकर उन्हें आत्मसात किया जाता था। चेयरमैन से शॉप-फ्लोर इंजीनियर तक, विकास टीम के हर सदस्य की राय पर विचार किया जाता था। ''कभी-कभी हमारे दिमाग में ऐसे विचार आते थे जिन्हें हम महान् मानते थे। लेकिन उन्हें अमलीजामा नहीं पहनाया जा सकता था। इन सबमें सबसे बड़ा कारक ग्राहक था। हम हमेशा उसे अंतिम संरक्षक मानते थे।''

तो अनुभव कैसा रहा? जाधव कहते हैं, ''जब मैं नैनो परियोजना के बारे में सोचता हूँ तो वह मुझे परियोजना जैसी बिलकुल नहीं लगती। यह एक अन्वेषण था।''

नैनो के विकास से पहले इंडिका और एस परियोजनाएँ शुरू की गई थीं। इनसे टाटा मोटर्स को इंजीनियरिंग में कई सबक मिले। सन् 1998 में इंडिका के पहले बैच को लॉन्च करते समय जिन समस्याओं का सामना करना पड़ा था, उसे देखते हुए एक 'न्यू प्रोडक्ट इंट्रोडोक्शन' (एन.पी.आई.) प्रक्रिया शुरू की गई। टाटा मोटर्स के इंजीनियरिंग समीकरणों को ठीक करने के लिए रतन टाटा ब्रिटेन की वर्विक युनिवर्सिटी के स्कूल ऑफ इंजीनियरिंग के अंग वर्विक मैन्युफैक्चरिंग ग्रुप (जिसे अब डब्लू.एम.जी.) कहा जाता है, को ले आए थे। एन.पी.आई. प्रक्रिया शुरू करने की सलाह डब्लू.एम.जी. ने ही दी थी। इस प्रक्रिया से टाटा मोटर्स संगठन की खामियाँ सामने आ गईं।

गिरीश वाघ कहते हैं, "सच पूछिए तो हमने डब्लू.एम.जी. की संस्तुतियों को अभी तक पूरी तरह लागू नहीं किया है। लेकिन उन्होंने ही हमें बताया कि किसी उत्पाद के विकास और प्रस्तुति का प्रबंध कैसे किया जाना चाहिए। हम सभी के लिए यह बहुत अच्छा अनुभव था। यह प्रबंधन या प्रक्रियाओं को बारे में उतना नहीं था जितना कि मूलभूत इंजीनियरिंग के बारे में।" वाघ टाटा मोटर्स के उन सैकड़ों इंजीनियरों में से एक थे जिन्हें इससे लाभ हुआ।

जिस समय नैनो के इंजन का विकास किया जा रहा था, मूलभूत इंजीनियरिंग का यह अनुभव उपयोगी साबित हुआ। रतन टाटा का मानना था कि छोटी-कार टीम को इंजन के इर्दगिर्द कार का निर्माण नहीं करना चाहिए, यह तो बटन के इर्दगिर्द कमीज सिलने जैसा होगा। नैनो का इंजन पीछे लगा है जो किसी कार के लिए नई बात नहीं है। मिसाल के तौर पर, वॉक्सवैगन बीटल का प्रारूप इसी तरह का है, लेकिन भिन्न। यह फैसला, जिसे परियोजना के शुरू में और वाघ के आने से पहले लिया गया था, जहाँ बहुत काम का साबित हुआ, वहीं इससे कई समस्याएँ भी पैदा हुईं। टाटा मोटर्स में अब इंजीनियरिंग संबंधी जो परिपक्वता आई थी, उसका इस्तेमाल समस्याओं को सुलझाने में किया गया।

पीछे इंजन लगाने का प्रारूप विशुद्ध रूप से लाभदायक पैकेजिंग समाधान था। इससे नैनो के भीतर पर्याप्त जगह मिल गई। यही वजह है कि मारुति 800 की तुलना में नैनो का भीतरी हिस्सा 20 प्रतिशत बड़ा है। इस विशिष्टता के कारण नैनो दुर्घटना के आघात को झेल सकती है। लेकिन इसके साथ संचालन और स्थिरता की चुनौतियाँ खड़ी हो गईं। संचालन के मुद्दे को कार के सामने के हिस्से पर कुछ भार डालकर, आगे के सस्पेंशन में सूक्ष्म संशोधन कर और टायरों के संयोजन में थोड़ा परिवर्तन कर सुलझा लिया गया। गुरुत्व के उच्च केंद्र वाले टॉल-बॉडी डिजाइन को ड्राइवर की सीट के नीचे बैटरी लगाकर और अतिरिक्त पहिए को फ्रंट के बजाय डिकी में डालकर स्थिर किया गया।

इन समाधानों के बावजूद, इंजन को पीछे लगाने के बारे में संदेह बना रहा। क्या यह केबिन को गरम कर देगा? क्या शोर और कंपन का स्तर असह्य होगा? वाघ कहते हैं, "हम हमेशा परंपरागत मोटरगाड़ी इंजीनियरिंग की अवधारणा को चुनौती दे रहे थे। परीक्षण एवं चूक नियम बन गया था।" रतन टाटा और रविकांत

परियोजना के इस चरण में हमेशा उपलब्ध रहे और लक्ष्य हासिल करने में रात-दिन एक कर देने वाले युवा इंजीनियरों को उनसे काफी मदद मिली।

मूल टीम नैनो परियोजना में इतनी व्यस्त थी कि उसे नैनो के बारे में होने वाली चर्चा पर ध्यान देने की फुरसत नहीं थी। टाटा मोटर्स इंजीनियरिंग रिसर्च सेंटर से जुड़े परीक्षण विशेषज्ञ जी.आर. नागभूषण याद करते हैं कि किस तरह कार के डिजाइनरों से बार-बार बहस हो जाया करती थी। वह कहते हैं, ''हम अपने परीक्षण चक्र के दौरान छोटी-से-छोटी बातों पर ध्यान देते थे। हमने बाजार के संदर्भ में, ग्राहक के संदर्भ में उत्पाद का मूल्यांकन जारी रखा।'' परीक्षण टीम ने अति-परिकल्पना, शिथिलता और अनावश्यकता के मुद्दों को बार-बार कुरेदा। इससे अपेक्षाकृत बड़ी विकास टीम के कुछ सदस्यों में उसकी लोकप्रियता कम हो गई। लेकिन परीक्षण के क्षेत्र में ऐसा होता ही है।

हर चीज को स्कैनर से गुजारा गया। मिसाल के तौर पर, जब एक सर्वेक्षण से यह तथ्य सामने आया कि लोग पीछे के दाहिने दरवाजे का इस्तेमाल बहुत ही कम करते हैं तो सवाल उठा कि चार दरवाजे क्यों? सो, लागत कम करने के लिए इस दरवाजे को हटा देने का सुझाव दिया गया। लेकिन रतन टाटा इस सुझाव से सहमत नहीं थे, ''यह कार से समझैता माना जाएगा।'' वह अपनी इस बात पर कायम थे, कि नैनो में वह सबकुछ होना चाहिए जो एक समुचित कार में होता है। चेयरमैन टायरों के मामले में, जिनका आकार आगे और पीछे अलग-अलग होता है, थोड़ा समझौता करने के लिए तैयार थे। ज्यादातर कारों में चारों टायर एक ही आकार के होते हैं, लेकिन नैनो के आगे के टायर पीछे के टायरों से छोटे हैं। ऐसा पीछे लगे इंजन के अतिरिक्त भार को निष्प्रभावी करने, कार के संचालन को संतुलित बनाने और उसकी समग्र गतिकी सुधारने के लिए किया गया है। अन्य चुनौती ब्रेकिंग प्रणाली थी जो अन्य कारों से भिन्न है।

नागभूषण कहते हैं, ''हम ड्राइंग बोर्ड पर इतनी बार गए कि हमारे डिजाइनर परेशान हो उठे। वे पूछते, 'ऐसा कब तक होगा?' जवाब में हम कहते, संतोषजनक परिणाम मिलने तक बदलाव होता रहेगा। होता यह है कि जब आप ड्राइंग में परिवर्तन करते हैं तो निर्मिति में भी तब्दीली करनी पड़ती है। यदि हम कुछ हफ्तों में नहीं तो हर कुछ महीनों पर एक नई कार बना रहे थे। टीम के साथ कुछ मुद्दों

पर जरूर मतभेद होते थे, लेकिन हम सामूहिक रूप से कोई-न-कोई समाधान निकाल ही लेते थे।

"शुरू में हम हमेशा अपने काम-से-काम रखते थे। डिजाइनर अपना काम करता था और उसे नमूना बनाने के लिए दे देता था। परीक्षण के लोग फिर अपना काम करते थे और अपने अनुभवों की जानकारी देते थे। इसके बाद नमूनाकार को डिजाइन टीम के पास वापस भेज दिया जाता था। कोई प्रोफेशनल व्यक्ति आकर यह नहीं बताता था कि हमें अपना काम किस तरह करना चाहिए। मैं अपना काम करूँगा और आप अपना। पहले ऐसा ही होता था।

"ज्यादातर संगठनों में आज भी ऐसा ही है। लेकिन मेरे विचार से नैनो ने कम-से-कम टाटा मोटर्स के लिए डिजाइनरों और परीक्षण के लोगों के बीच संबंध को पुनर्परिभाषित किया है। दोनों के काम वस्तुतः एकाकार हो गए और इस तरह हमने समय और संसाधनों की बचत की।"

नागभूषण कहते हैं कि लागत-गुणवत्ता-समय की चुनौती नैनो की इंजीनियरिंग में सबसे महत्त्वपूर्ण हो गई थी। "हमें तीनों पहलुओं पर काम करना पड़ता था। हमने सबकुछ शून्य से शुरू किया। ऐसा पहले कभी नहीं हुआ था। सामान्य तौर पर, किसी काम को शुरू करने से पहले उसका आधार खड़ा किया जाता है और फिर नया उत्पाद बनाया जाता है।" नागभूषण का मानना है कि छोटी-कार टीम की अनभिज्ञता और उसके सामने वाली चुनौतियाँ वरदान साबित हुईं। वह इसकी तुलना भौंरा से करते हैं जो गतिकी के नियमों के अनुसार उड़ने में अक्षम होने के बावजूद उड़ने में सफल होता है।

नागभूषण जिस सामूहिक भावना की बात करते हैं, उसकी मिसाल नैनो पर काम करने वाले ढाँचा प्रणाली इंजीनियरिंग ग्रुप के मैनेजर आर.जी. राजहंस हैं। उन्हें और उनकी टीम को छोटी-कार की 'बॉडी' और उसके ढाँचे की जिम्मेदारी दी गई थी। इन लोगों के लिए सबसे मुश्किल चुनौती लागत की थी। लागत की सीमा के भीतर काम करने के लिए इन लोगों ने मोटरगाड़ी निर्माण के सिद्धांतों की हर तरकीब आजमाई। बाहर की भी कुछ युक्तियाँ आजमाईं। अंत में उन्होंने परंपरागत 'बॉडी' और ढाँचे का विकल्प चुना जिसे उनकी विफलता कहा जा सकता है। लेकिन उन्होंने झटकों से जो कुछ सीखा, उनकी सफलताओं का आधार वही बना।

परिवहन संकलन टीम के प्रमुख अभय देशपांडे लागत से कहीं अधिक काम की गुणवत्ता के प्रति चिंतित थे। वह नैनो पर काम करने वाली 18 अन्योन्यक्रियात्मक टीमों के बारे में याद करते हैं। उनके अनुसार, समाधान इस तरह निकाले जाते थे कि किसी भी एक ग्रुप के निर्णय की उपेक्षा न हो। वह कहते हैं, ''यह परियोजना ऐसी कभी नहीं रही कि कोई एक डिजाइनर या कोई एक ग्रुप समस्या का समाधान निकालने की कोशिश करे। हम सभी लोग मिलकर काम करते थे।'' इस रवैये से हमारी टीम को खासतौर पर फायदा हुआ, क्योंकि छोटी कार के सभी क्षेत्रों में इसका काम था। हम दो-तीन काम को एक साथ जोड़ने की लगातार कोशिश कर रहे थे। मसलन, एक वाइपर, इंजन के लिए एक सिंगल कॉस्टिंग, कॉम्बिनेशन कंट्रोल स्विचेज आदि। इसके अतिरिक्त, हम कार के लिए जरूरी पुर्जों की संख्या में कमी भी ला रहे थे। हर टायर में चार के बजाय तीन बोल्ट लगाना इसकी मिसाल है।''

सुरक्षा प्रणाली विशेषज्ञ अनिल कुमार के लिए चुनौती थी: यात्री के आराम से समझौता किए बिना नैनो की नियामक जरूरतों को पूरा करना। यहाँ भी लागत आड़े आई। नियायक कॉलम को ही लें। ज्यादातर कारों में कई बार जाँचे-परखे गए दबनेवाले स्टियरिंग कॉलम्स होते हैं। लेकिन नैनो में नहीं। इसके बजाय, इसके समग्र ढाँचे में फिट किया हुआ एक सिस्टम होता है। यह उतनी ही अच्छी तरह काम करता है जितना कि कोई दबनेवाले स्टियरिंग कॉलम। इस पर लागत भी बहुत कम आती है। कुमार कहते हैं, ''यह आपके लिए सस्ती इंजीनियरिंग है। लेकिन यहाँ मामला केवल लागत में कटौती का नहीं था। इसलिए हमने बुनियादी इंजीनियरिंग की हर चुनौती पर नए सिरे से विचार किया।''

एक बड़ी चुनौती नॉइज, वाइब्रेशन और हार्शनेस (जिन्हें मोटरगाड़ी इंजीनियरिंग की शब्दावली में एन.वी.एच. कहा जाता है) को सीमा के भीतर रखना था। इंजन को पीछे लगाने का अर्थ था, कार का दिल पिछली सीट पर बैठने वाले लोगों के बिलकुल पास होना। इसलिए, कुछ ऐसा उपाय करना था कि इंजन से निकलने वाले शोर और ताप का स्तर न्यूनतम रहे। नैनो की टीम इस दोहरी समस्या से दो साल तक जूझती रही। वाघ कहते हैं, ''हम ताप, शोर और कंपन को कम करने के लिए और अधिक इंसुलेशन सामग्री का इस्तेमाल कर सकते थे। लेकिन इससे लागत बढ़ जाती। इसलिए हमने सिलिंडर के मुँह की दिशा 180 डिग्री बदल दी और कई

तरह के सुधार किए। फ्लोर पैनल को 10 बार बदला गया। डैशबोर्ड और सीटों में भी इतनी ही बार परिवर्तन किए गए। यह कष्ट था। जिस समय हमें वांछित परिणाम मिला, हम बहुत लंबी दूरी तय कर चुके थे।''

वाघ के मुताबिक, मुद्दे को सुलझाने का यह कोई अन्वेषित समाधान नहीं था। ''जब कोई व्यक्ति आता और हमसे पूछता कि किस शानदार अन्वेषण ने समस्या को हल कर दिया तो हम कहते कोई भी नहीं। समस्या के समाधान में विभिन्न इंजीनियरों का योगदान रहा है। हम इसी तरह के मनोबल और विश्वास के बूते सफल हुए।''

नैनो का लक्ष्य कभी निश्चित नहीं रहा। बार-बार के बदलावों के कारण परियोजना टीम का काम और भी मुश्किल हो गया था। एयरकंडीशनिंग के मामले को ही लें। सन् 2007 के शुरू में ही यह तय हुआ कि कार के महँगे मॉडलों में एयरकंडीशनिंग लगाई जाएगी। टीम के कुछ सदस्यों का मानना था कि उस चरण में यह संभव नहीं था, क्योंकि एयरकंडीशनिंग के लिए जगह बनाने और उसे लगाने में दो साल से अधिक खर्च होते। सही सप्लायर पाना बड़ी चुनौती थी। लेकिन इसका हल ढूँढ़ लिया गया। वाघ कहते हैं, ''बीच रास्ते में इस तरह के परिवर्तन बार-बार हो रहे थे। शुरू में हम सोच रहे थे कि एक सिंगल मॉडल बनाया जाएगा। लेकिन फिर हमने महसूस किया कि बिजनेस में यह समझदारी की बात नहीं होगी। हमारे पास एक-से अधिक विकल्प होने चाहिए।'' इस तरह, एयरकंडीशनिंग के साथ असिस्टेड ब्रेक, साज-सामान और इसी तरह की अन्य चीजें आईं।

नैनो के डैशबोर्ड गुच्छ और वाइपर का विकास भी परियोजना के लक्ष्य की प्रकृति दरशाता है। डैशबोर्ड के लिए टीम ने विभिन्न विन्यासों को देखा, खासकर नए विचारों के लिए दोपहिया उद्योग में। एक डंडी वाले वाइपर में असंख्य बार संशोधन किए गए, तब जाकर उसे हरी झंडी मिली। वाघ कहते हैं, ''जिस तरह से इसे लगाया गया है, वह अब भी पूरी तरह से संतोषजनक नहीं है, लेकिन हम इस पर काम कर रहे हैं।'' कार की खिड़कियों के समाधान के लिए रतन टाटा ने टीम से हवाई जहाज के शटर देखने के लिए कहा। ''हमने इस क्षेत्र में बहुत काम किया, लेकिन सफल नहीं हुए।''

रतन टाटा के हस्तक्षेप और सुझाव नैनो टीम के लिए बहुत महत्त्वपूर्ण थे,

खासतौर पर यह समझने में कि ग्राहक का ध्यान कार की तरफ किस तरह जाएगा। टाटा मोटर्स से 33 वर्षों से जुड़े, ग्राहक सहायता के तत्कालीन प्रमुख विक्रम सिन्हा जैसे लोग यह बता रहे थे कि संभावित खरीदार कौन लोग हो सकते हैं। सिन्हा और उनकी टीम को 2007 के शुरू में नैनो परियोजना से जोड़ा गया। पुणे स्थित इस टीम के चारों सदस्य पक्के इंजीनियर थे। ये लोग इंजीनियरिंग रिसर्च सेंटर से आने वाले कार के नमूने का मूल्यांकन करते और उनकी विश्वसनीयता परखते। सिन्हा कहते हैं, "हम चाहते थे कि कार की सफाई-धुलाई और मरम्मत आसान हो। हमारी निविष्टियों का लक्ष्य यही सुनिश्चित करना था।"

सन् 2008 के शुरू में, ग्राहक सहायता टीम ने तैयार उत्पाद को पहली बार चलाया। उनकी प्रतिक्रिया मिली-जुली थी। सिन्हा कहते हैं, "हम कार के रूप-रंग से लेकर हर चीज के बारे में रोमांचित थे। लेकिन कार की सफाई-धुलाई को लेकर हमें कुछ आशंका थी, क्योंकि इंजन गाड़ी के पीछे सँकरी जगह में लगा था। "इस बारे में बहुत अध्ययन करने के बाद हम अपने वर्कशॉप से मैकेनिक्स ले आए। हमारा काम यह सुनिश्चित करना था कि कार हर लिहाज से ग्राहक को जँचे।"

सिन्हा और उनकी टीम ने कार के इंजन से संबंधित 56 मुद्दों की सूची बनाई। इसमें पिक-अप, एयरकंडीशनिंग और सस्पेंशन शामिल था। सिन्हा कहते हैं, "हमें खामियाँ निकालने वाला, उत्साह पर पानी डालने वाला व्यक्ति माना जाता था। लेकिन हम इस पर ध्यान नहीं देते थे। हमारा उद्‌देश्य हमेशा यही रहा कि ग्राहक को सर्वोत्तम मिलना चाहिए, कि नौनो पर किसी तरह का धब्बा न लगे।"

यहाँ एक ऐसा व्यक्ति था जो इंडिका और टाटा सिएरा के अपने अनुभव से बोल रहा था। इन दोनों वाहनों को कई तरह की समस्याओं से गुजरना पड़ा था। सिन्हा कहते हैं, "मुझे याद है कि टाटा मोटर्स 1980 के दशक के शुरू में एक ऐसा ट्रक लॉन्च कर रहा था जिसमें आधुनिक कैब और सुविधाएँ थीं। लेकिन यह ट्रक बाजार में सफल नहीं हुआ, क्योंकि हमने कई मुद्‌दों पर ध्यान नहीं दिया था। हम नहीं चाहते थे कि नैनो के साथ ऐसा हो, खासतौर पर इस बात को देखते हुए कि सबकी निगाहें इसी पर थीं। हमें कुछ ग्राहकों ने जानकारी दी कि पत्रकार उनसे नैनो के अनुभव के बारे में पूछ रहे हैं। पत्रकार जानना चाहते थे कि नैनो में कोई समस्या तो नहीं है। कुछ ऐसे लोग भी थे जो नैनो में खामियाँ खोज रहे थे। हमें हमेशा

सूक्ष्म परीक्षण से गुजरना पड़ रहा था। इसलिए हम किसी तरह का जोखिम नहीं उठा सकते थे।''

सिंगूर में संकट के जोर पकड़ने और अन्य चुनौतियों के बढ़ने से नैनो संबंधी सूक्ष्म काम करने में समय लगा। लेकिन वाघ और परियोजना टीम ने हर सूक्ष्म काम को तत्परता से किया। सिन्हा कहते हैं, ''नवंबर 2008 से मार्च 2009 में कार को बाजार में उतारने तक, रिफाइनिंग का बहुत सारा काम किया गया। यह घर बनाने जैसा है। ढाँचा खड़ा करना अपेक्षाकृत आसान होता है, लेकिन फिनिशिंग में समय लगता है। कार के साथ भी यही बात है; नमूना कार बनानी आसान है, लेकिन उसकी फिनिशिंग, सही रिफाइनमेंट, प्रोडक्टिविटी और ईंधन क्षमता हासिल करने में समय लगता है।''

सिन्हा का दूसरा, और संभवत: अधिक महत्त्वपूर्ण काम विक्रय बाद की देखभाल सेवा के बाजार पर ध्यान देना था। इसका अर्थ है सर्विस सेंटरों और कार्यशालाओं की स्थापना जो नैनो के सड़क पर आने के बाद उसके डील-डौल को ठीक रख सकें। सिन्हा कहते हैं, ''दो साल पहले जब हमने अपने सेवा संजाल की योजना बनानी शुरू की तो हम चाहते थे कि कार के बाजार में आने तक लगभग 1,000 वर्कशॉप बन जाएँ।'' टाटा मोटर्स फिलहाल अपने लक्ष्य से 100 वर्कशॉप पीछे है। लेकिन 900 वर्कशॉप खड़ा कर लेना भी मामूली बात नहीं है। हर वर्कशॉप में चार-से-पाँच बे हैं। इनमें से कुछ सेंटर एक्सन मोबिल और टी.वी.एस. जैसी कंपनियों के साथ फ्रैंचाइजी व्यवस्था के तहत आते हैं। लेकिन ज्यादातर सेंटरों की स्थापना टाटा मोटर्स ने खुद की है। इनमें काम करने के लिए पुणे और अन्य जगहों पर 2,000 से अधिक लोगों को प्रशिक्षण दिया जाता है।

नैनो के लॉन्च होने के बाद भी उसकी फाइन-ट्यूनिंग का काम खत्म नहीं हुआ है। दिल्ली ऑटो एक्सपो में उसके अनावरण की तारीख से उसमें सुधार किए जा रहे हैं। गिरीश वाघ कहते हैं, ''अंत में कार की गुणवत्ता ही मायने रखती है। और यहाँ हम जिन चुनौतियों का सामना कर रहे हैं, उन्हें कम नहीं आंका जा सकता। आखिरकार हम प्रतिवर्ष 350,000 कारें बेचने की उम्मीद कर रहे हैं। यह संख्या वर्तमान में भारत में सबसे अधिक बिकने वाली कार की लगभग दोगुनी है। हम बेहद अच्छी गुणवत्ता और अनवरत सुधार से ही इसे हासिल कर सकते हैं।''

छोटी-कार टीम को सुधार के बारे में सावधान कर दिया गया था। रतन टाटा के साथ एक बैठक के बाद वाघ ने टीम को फिर इसके बारे में याद दिलाया। वाघ कहते हैं, ''रतन टाटा कार चला रहे थे और मैं उनके पीछे बैठा हुआ था। मैंने कहा कि मेरी कुछ चिंताएँ हैं। अगर हम टीम से कहते हैं कि प्रोडक्ट अच्छा है तो सुधार के प्रयास बंद हो जाएँगे।'' रतन टाटा अपने प्रोजेक्ट लीडर से सहमत थे। दो महीने बाद, उत्तराखंड में पंतनगर स्थित नैनो की अंतरिम मैन्युफैक्चरिंग यूनिट के निरीक्षण के दौरान, चेयरमैन इसी मुद्दे पर वाघ पर लगभग बरस पड़े। वाघ कहते हैं, ''मिस्टर टाटा साइड-व्यू मिरर में सुधार चाहते थे। उन्होंने इसके बारे में हमें लगभग एक साल पहले कहा था। हमने उनके सुझाव पर अमल करने में देरी की और उन्होंने यहाँ सवाल खड़ा कर दिया। मुझे पसीना छूटने लगा, मैं अवाक रह गया। फिर वे शांत हो गए और कहा, 'ओके, हम इस पर अलग से चर्चा करेंगे, कोई समाधान निकालेंगे'।''

मार्केटिंग का समाधान खोजना मुख्य रूप से एस. कृष्णन की जिम्मेदारी थी जो टाटा मोटर्स के वरिष्ठ एक्जीक्यूटिव थे। उनकी शीर्ष वरीयता डीलरों को ढूँढ़ना था। मार्च 2009 में जब नैनो औपचारिक रूप से लॉन्च हुई, टाटा मोटर्स के पास इस तरह के लगभग 500 आउटलेट थे। उसका लक्ष्य 2011 तक इनकी संख्या बढ़ाकर 800 करना है। यहाँ सबसे जटिल काम छोटे कस्बों और गाँवों में पैठ बनाना है। कृष्णन के जिम्मे दूसरा काम निर्गामी संभार है। इसका अर्थ कार को विक्रय केंद्र तक पहुँचाने के लिए लागत तय करना है। किसी कार को विक्रय क्रेंद तक पहुँचाने में टू-ह्वीलर के मुकाबले छह गुना अधिक लागत आती है।

कृष्णन कहते हैं, ''टू-ह्वीलर पर आने वाली लागत से हमने हिसाब लगाया कि एक नैनो को विक्रय केंद्र तक पहुँचाने में 2,200-2,300 रुपए खर्च आएगा। यह हमारे लिए असंभव था।'' मार्केटिंग टीम ने चमत्कार करते हुए नैनो की ढुलाई पर आने वाली लागत को टू-ह्वीलर का दोगुना कर दिया। ''हमने आने वाले संभार या वापसी ढुलाई का आश्वासन देकर, ट्रकों पर अधिक कारें लादकर और एक सिंगल ट्रांस्पोर्टर के साथ साझेदारी कर शुरू की लागत को 50 प्रतिशत से अधिक नीचे ला दिया। यह कभी-कभी हमारे लिए लॉजिस्टिकल दुःस्वप्न बन जाता है। लेकिन हमने इससे निजात पाना सीख लिया है।''

सबसे बड़ी चुनौती उस समय आएगी जब रतन टाटा को प्रति माह लाखों नैनो की आपूर्ति करनी होगी। इसके अतिरिक्त, किसी शोरूम में ग्राहक के जाने के अनुभव को सुखद बनाना होगा। कृष्णन कहते हैं, ''यह अनुभव महत्त्वपूर्ण है, तभी ब्रांड के रूप में नैनो सफल होगी और उसके साथ ग्राहक का जुड़ाव बढ़ेगा। अगर हमारे ग्राहक कम खर्चीली कार खरीदते हैं तो इसका अर्थ यह नहीं है कि बड़ी कार खरीदने वाले व्यक्ति की तुलना में उनके साथ भिन्न व्यवहार किया जाए। दूसरी चुनौती ग्राहकों को यह बताना है कि वे अपने नैनो का सर्वोत्तम इस्तेमाल कैसे कर सकते हैं।''

नैनो की उत्पादन नीति का लक्ष्य ग्राहक को फायदा पहुँचाना था। उत्पादन को बाँटने का विचार ताक पर रख दिया गया था, ताकि समानांतर समाधान के रूप में उसका कभी इस्तेमाल किया जा सके। इसका अर्थ था एक ही फैक्टरी में कार के निर्माण की परंपरागत अवधारणा पर वापस आना। उत्पादन आयोजन टीम के प्रमुख प्रियदर्शन क्षीरसागर और उनके सहकर्मियों ने यहाँ अपनी विशेषज्ञता का इस्तेमाल किया। क्षीरसागर कहते हैं, ''हमने शुरू से ही तीन शिफ्ट में चौबीसों घंटे काम करने का मानक तय कर दिया था। लिहाजा, हमारी अंदरूनी प्रक्रियाओं, मशीन के कामकाज, सप्लाई चेन और संभार-तंत्र में बहुत तेजी आ गई।''

अगस्त 2006 तक क्षीरसागर और उनकी टीम परियोजना को क्रियान्वयन के चरण में ले जाने के लिए तैयार थे। वह कहते हैं, ''हम जानते थे कि कार की लागत केवल इस्तेमाल किए जानेवाले माल से नहीं, बल्कि हमारी समूची व्यापार प्रक्रिया से जुड़ी है और व्यापार नीति के नजरिए से, उत्पादन के बारे में हमें कोई भ्रम नहीं था।'' लेकिन तालमेल बिठाकर साथ-साथ काम करना एक चुनौती थी और सहायता कार्य, विक्रेताओं के विकास, प्रशासन एवं अन्य को जोड़ने के लिए पुलों का निर्माण करना था। तभी असेंबली लाइन से सर्वोत्तम संभव उत्पाद निकल सकता था। ''हमने बहुत सारी गलतियाँ कीं, लेकिन उनसे सीखा भी। हमने सुनिश्चित किया कि वे गलतियाँ दोबारा न हों।''

सिंगूर में संयंत्र को बैठाने और चालू करने का काम उम्मीदों के अनुसार नहीं हुआ, क्योंकि वहाँ आंदोलन के कारण कई तरह की चुनौतियाँ खड़ी हो गई थीं। इसके अतिरिक्त, बाढ़ के कारण परियोजना स्थल की जमीन को भी ठीक करने की

जरूरत थी। अच्छी बात यह थी कि क्षीरसागर और अन्य लोग साणंद में संयंत्र के पुनर्निर्माण के लिए पूरी तरह तैयार थे। उधर, टाटा मोटर्स को एक ऐसा काम करना था जिसे ऑटोमोबाइल्स या दूसरे उद्योग के किसी भी निर्माता ने नहीं किया था: एक सर्वथा नए संयंत्र को, जो अभी तक चालू भी नहीं हुआ था, विघटित करना और सबकुछ दूसरी जगह ले जाना।

क्षीरसागर कहते हैं, "कोई भी संयंत्र विखंडित करने के लिए कभी नहीं डिजाइन किया जाता। हमने लंबी पारी खेलने की उम्मीद में पूरा संयंत्र लगा दिया था।" लेकिन इसके चालू न होने की कहानी दुःखद है जो राजनीति एवं उद्योग, विकास के परस्पर विरोधी विचारों एवं समकालीन भारत की कड़वी सच्चाइयों के मेल का परिणाम है।

कोलकाता से सिंगूर कार से एक घंटे में पहुँचा जा सकता है। यह गाँव और शहर का विचित्र मिश्रण है। यह इतना बड़ा नहीं है कि इसे शहर कहा जाए। इतना फैला हुआ और व्यस्त भी नहीं है कि इसे कस्बा कहा जा सके। रतन टाटा ने नैनो कारखाने के लिए विकल्प के तौर पर इस जगह को चुना था। लेकिन इसके पहले टाटा मोटर्स के लोगों को जगह तलाशने के लिए काफी मशक्कत करनी पड़ी थी। दरअसल, उपयुक्त जगह की तलाश 2003 में ही शुरू हो गई थी। लेकिन जब दूसरे काम सामने आते तो तलाश रोक दी जाती। अंततः विभिन्न विकल्पों पर विचार करने के बाद 2005 के मध्य में इसमें तेजी आई।

उपयुक्त जगह तो महाराष्ट्र में पुणे के पास कहीं होती जहाँ कि टाटा मोटर्स का मुख्य संयंत्र कोई 900 एकड़ में फैला हुआ है। जब इस विचार को खारिज कर दिया गया तो अन्य मोटरगाड़ी उत्पादन केंद्र तसवीर में आए। तमिलनाडु, जहाँ हुंडई के संयंत्र लगे हैं, और उत्तर में पंजाब तथा उत्तराखंड, जहाँ मारुति पहले से मौजूद है, पर विचार किया गया। इसके पीछे तर्क यह था कि किसी केंद्र के पास होने से कार के कल-पुरजों की आपूर्ति करने वालों तक पहुँच आसान हो जाएगी और बड़े औद्योगिक केंद्रों से नजदीकी भी बनी रहेगी। उत्तराखंड, जहाँ टाटा मोटर्स का पहले से एक कारखाना था तथा महत्त्वपूर्ण वित्तीय प्रोत्साहन की गारंटी थी, और कर्नाटक के धारवाड़ के विकल्प को भी तोला गया।

टाटा मोटर्स की टीम ने विभिन्न राज्यों के सरकारी अधिकारियों और मंत्रियों से मिलने के बाद जनवरी 2006 में टाटा मुख्यालय बॉम्बे हाउस में रतन टाटा और रविकांत के साथ एक बैठक में अपना सुझाव दिया। तभी रतन टाटा ने रविकांत की तरफ मुड़ते हुए उनसे पश्चिम बंगाल में जगह तलाशने को कहा। उनका तर्क था कि मुख्यमंत्री और राज्य की वाम मोर्चा सरकार उद्योग को वापस लाने के लिए प्रतिबद्ध हैं, क्योंकि बड़े बिजनेस भारत के दूसरे हिस्सों में जा रहे हैं। चेयरमैन इस बात के लिए बहुत इच्छुक थे कि टाटा मोटर्स पश्चिम बंगाल के पुनःऔद्योगीकरण के प्रयास में अग्रणी भूमिका निभाए।

तभी से पश्चिम बंगाल गिरीश वाघ और उनके मैन्युफैक्चरिंग प्लानिंग लोगों के लिए पसंदीदा विकल्प बन गया। राज्य सरकार और उसके अधिकारियों ने अपने यहाँ संयंत्र लगाने के फैसले का पुरजोर स्वागत किया। नैनो टीम ने राज्य में आठ जगहें देखीं, जिनमें से चार कोलकाता के पास थीं। टाटा मोटर्स चाहती थी कि उसे कोलकाता के पास लगभग 1,000 एकड़ में फैली हुई जगह मिले। इस तरह की जगह उसे सिंगूर में मिली। जगह अच्छी थी, लेकिन अन्य कारकों का मूल्यांकन करना था। मसलन, वित्तीय फायदे, सप्लायरों तक पहुँच, उपयुक्त व्यक्तियों का मिलना आदि। यह सब काम बहुत जल्दी पूरा हो गया और जून 2006 में फैसले को अंतिम रूप दे दिया गया। कोई छह महीने बाद, टाटा मोटर्स को जमीन मिल गई।

लेकिन सिंगूर को लेकर टीम में शुरू से ही संदेह था। वाघ कहते हैं, "हममें से कई लोगों को लगता था कि पश्चिम बंगाल शायद सही जगह नहीं है, खासतौर पर उसके औद्योगिक विवादों के इतिहास को देखते हुए।" लेकिन रतन टाटा निश्चिंत थे। उन्होंने कहा, यह विश्वास की बात है। उन्हें पुनः औद्योगीकरण के प्रति राज्य के राजनीतिक नेतृत्व की वचनबद्धता पर भरोसा है। जहाँ तक सकारात्मक पक्ष की बात है, तो हम जानते थे कि अगर हम वहाँ गए तो हमारे सप्लायर और अन्य लोग भी पीछे-पीछे आएँगे।" इस चरण में ऐसा लगा कि यह सभी शामिल खिलाड़ियों के लिए लाभदायक स्थिति है।

दूसरे सकारात्मक पहलू भी थे। मसलन, परियोजना स्थल राष्ट्रीय राजमार्ग पर था। यह एक बड़ा फायदा था। जगह का अगला हिस्सा भी बहुत अच्छा था। यह

भी एक फायदा था, क्योंकि टाटा मोटर्स आधुनिक संयंत्र लगाना चाहती थी। लेकिन सौदे को अंतिम रूप देने की जल्दबाजी में एक महत्त्वपूर्ण पहलू को नजरअंदाज कर दिया गया। परियोजना स्थल पश्चिम बंगाल के सबसे निचले क्षेत्र में, सड़क से लगभग 16 फुट नीचे था।

छोटी-कार परियोजना के निर्माण प्रमुख एम.बी. कुलकर्णी और उनके लोगों ने यह जानने के लिए कि संयंत्र को बाढ़ के स्तर से ऊपर रखने के लिए जमीन की कितनी भराई करनी पड़ेगी, स्थल क्षेत्र और पुराने आँकड़ों का अध्ययन किया। यह बात दीगर है कि सितंबर 2007 में हुई भारी बारिश के कारण परियोजना का एक हिस्सा पानी में डूब जाने से मर्फी के नियम की पुष्टि हो गई। परियोजना स्थल के एक हिस्से से बहने वाली जुल्किया नदी ने अपने किनारों को तोड़ दिया था, भूखंड के लिए पानी निकासी के यंत्र लगाने का काम अभी तक पूरा हुआ था और सबसे बदतर बात यह हुई कि कुछ उपद्रवी लोगों ने हमेशा बंद रहने वाले नदी के एक गेट को खोल दिया था। उस समय यदि किसी अनभिज्ञ आदमी ने यह सोचा हो कि टाटा मोटर्स कार के बजाय नावें बनाने जा रही है तो उसे क्षमा ही किया जा सकता था।

वाघ कहते हैं, ‘‘जो कुछ हुआ था, उसे देखकर मैं अवाक रह गया। मेरी आँखों में आँसू आ गए। हमने कभी नहीं सोचा था कि बाढ़ से इतनी गंभीर स्थिति पैदा हो सकती है। हमने कभी महसूस नहीं किया था इस तरह की स्थिति से हमें भारी नुकसान हो सकता है। समूची साइट, चहारदीवारी, सबकुछ पानी में डूबा हुआ था। साइट झील में तब्दील हो चुकी थी और लोग डोंगियों में इधर-उधर जा रहे थे।’’

रतन टाटा के साथ तुरंत एक समीक्षा बैठक तय की गई। चेयरमैन ने कभी वह स्थल नहीं देखा था, लेकिन उन्होंने बहुत पहले एक प्रजेंटेशन में उसके नीचे होने का संकेत किया था। उस समय टीम ने कहा था कि जमीन की ऊँचाई बढ़ा देने से प्लांट सुरक्षित रहेगा। अब चिंतित और आतंकित वाघ ने सोचा कि उनकी खैर नहीं। लेकिन उन्हें परेशान होने की जरूरत नहीं थी, क्योंकि उनके साथ रतन टाटा और कांत की सहानुभूति थी। चेयरमैन ने कहा, ‘‘हमें कोई रास्ता निकालना होगा।’’

वाघ कहते हैं, ''मीटिंग खत्म होने के बाद मैंने श्री टाटा से कहा, 'सर, इस बैठक में आते समय मैं बहुत तनाव में था। मैं यह सोचकर चिंतित था कि आपकी प्रतिक्रिया क्या होगी।' उन्होंने मेरी पीठ थपथपाई और कहा, 'चिंता मत करो। जो हो गया, सो हो गया। तुम्हारे पास एक कार्य योजना है; आगे बढ़ो और उसे कार्यान्वित करो।' एक बुनियादी जरूरत को नजरअंदाज करने के कारण इतना नुकसान हो गया था। लेकिन श्री टाटा के चेहरे पर शिकन तक नहीं थी। इतना बड़ा दिल था उनका।''

बाढ़ से पैदा हुई चुनौती आंदोलन के रूप में फैले संकट की तुलना में कुछ नहीं थी। यह संकट राजनीतिक महत्त्वाकांक्षा से उत्पन्न हुआ था जिसमें लोगों के एक छोटे तबके के असंतोष ने आग में घी का काम किया। ये लोग परियोजना के लिए अपनी जमीन नहीं छोड़ना चाहते थे। टाटा मोटर्स भूमि-अधिग्रहण प्रक्रिया में कभी शामिल नहीं थी। सबकुछ राज्य सरकार की देखरेख में हुआ था। मुट्ठीभर स्थानीय ग्रामीणों ने जो विरोध शुरू किया था, उसे निहित स्वार्थों और दुर्भावनापूर्ण इरादों वाले बाहरी लोगों ने हवा दे दी। टाटा मोटर्स भी इसके चपेट में आ गई जिसकी उसने कल्पना तक नहीं की थी।

प्रोजेक्ट साइट के एक हिस्से में खेती की अच्छी जमीन आ गई थी। इससे भूमि-अधिग्रहण के विरोध में राज्य सरकार पर दबाव बढ़ता जा रहा था। टाटा मोटर्स के एक वरिष्ठ प्रबंधक अमरजीत सिंह पुरी, जो सिंगूर साइट के चयन में शामिल थे, कहते हैं कि कंपनी ने अधिग्रहण प्रक्रिया के राजनीतिक नतीजों पर कभी विचार नहीं किया था। ''हमने इसे विशुद्ध रूप से बिजनेस के नजरिए से देखा था। मेरा अब भी मानना है कि अगर आप इससे राजनीति निकाल दें तो लोग परियोजना को पूरा होते देखना चाहते थे।''

आंदोलन, धमकी और दुर्भावना के बावजूद, टाटा मोटर्स ने शुरू से ही सिंगूर साइट और उसके इर्दगिर्द के समुदाय से अच्छे संबंध बनाने की कोशिश की। चिकित्सा सुविधाएँ मुहैया कराई गईं, स्कूलों को कंप्यूटर तथा फर्नीचर दिए गए और नलकूप लगवाए गए। सबसे महत्त्वपूर्ण बात यह कि लोगों को प्रशिक्षित करने और समुदाय में कौशल का आधार बढ़ाने के लिए स्थानीय गैर-सरकारी संगठनों और टेक्निकल संस्थानों से साझेदारी की गई। इसके बावजूद परियोजना का विरोध होता रहा।

टाटा मोटर्स के कॉरपोरेट समाज कल्याण विभाग के तत्कालीन प्रमुख एम.बी. पारल्कर, जो उस समय की घटनाओं के प्रमुख गवाह थे, कहते हैं, ‘‘हमारी टीम को परियोजना विरोधियों के समर्थकों के विरोध का लगातार सामना करना पड़ रहा था। हिंसा की आशंका हमेशा बनी रहती थी। हमारी टीमें पुलिस संरक्षण में ही कहीं आ-जा सकती थीं। हमारी परियोजना के कुछ लाभार्थियों—मसलन उस स्थान पर कैंटीन चलाने के लिए हमारे बनाए गए स्वावलंबी समूह की महिलाओं—पर हमला किया गया और अन्य को धमकी दी गई। लोग हमसे जुड़ने में डरते थे।’’

यह सिंगूर के लोगों के लिए निश्चित रूप से दुर्भाग्यपूर्ण था, क्योंकि वहाँ भयानक गरीबी है और साफ-सफाई, स्वास्थ्य तथा शिक्षा की बुनियादी सुविधाओं का अभाव है। वाघ कहते हैं, ‘‘शुरू में लोग तय नहीं कर पा रहे थे कि हमारे प्रति क्या रवैया अपनाएँ। उनमें से कुछ लोग अपनी जमीन गँवाने के कारण परेशान थे। लेकिन धीरे-धीरे वे आश्वस्त हो गए और उन्होंने प्लांट को आजीविका के स्रोत के रूप में देखा। समुदाय कल्याण के लिए हमारे पास एक दीर्घकालिक योजना थी। लेकिन स्थिति बिगड़ जाने से हमें अपनी पहल रोकनी पड़ी।’’

आंदोलन जब तेज हो गया तो हिंसा का खतरा मँडराने लगा। सन् 2008 के शुरू के महीनों से कारखाना स्थल पर विदेशी परामर्शदाताओं, निर्माण कर्मचारियों, टेक्नोलॉजी साझेदारों और ठेकेदारों सहित कोई 400 लोग थे। ये लोग ऐसी स्थिति में फँसे हुए थे जिस पर उनका कोई नियंत्रण नहीं था! दिन-प्रतिदिन उन पर दबाव बढ़ता ही जा रहा था। टाटा मोटर्स परेशान थी। लेकिन कुछ-न-कुछ तो करना ही था। परियोजना स्थल पर सारा काम 23 अगस्त, 2008 को बंद हो गया। रतन टाटा ने 3 अक्तूबर को कोलकाता में एक प्रेस कॉन्फ्रेंस में घोषणा की कि टाटा मोटर्स सिंगूर से हट जाएगी। उन्होंने कहा, ‘‘यह एक तरफा फैसला है।’’

सिंगूर से हटने का अर्थ था प्लांट लगाने और चलाने के लिए टाटा मोटर्स द्वारा किए गए भारी-भरकम प्रयास का व्यर्थ जाना। सही लोगों, खासकर श्रमिकों और सफेदपोश कर्मचारियों का पाना मुश्किल काम था। कंपनी को योग्य कर्मचारियों, खासकर इंजीनियरिंग की प्रतिभाओं को ढूँढ़ने के लिए अपने तंत्र का व्यापक इस्तेमाल करना था। नैनो परियोजना की अनूठी प्रकृति और रोजगार के अवसर के कारण अंततः कुछ लोग चेन्नई और दिल्ली तक से खिंचे चले आए। गिरीश वाघ

कहते हैं, "दिल्ली में नैनो के अनावरण के बाद लोग हमसे रोजगार के अवसर के बारे में पूछने लगे। हमने टोयोटा और मारुति से प्रोफेशनलों को लिया, लेकिन निचले स्तर के पदों को भरना मुश्किल काम था।"

भारत के टेक्निकल संस्थानों से हर साल हजारों उम्मीदवार निकलते हैं। लेकिन उन्हें असेंबली लाइन के कामकाज के लिए प्रशिक्षण देना और तैयार करना आसान काम नहीं है। टाटा मोटर्स ने इस समस्या के हल के लिए स्थानीय स्तर पर लोगों का चयन किया। फिर उनमें से कुछ को प्रशिक्षण के लिए कोलकाता के टेक्निकल स्कूलों और बाकी को पुणे तथा जमशेदपुर स्थित अपने प्लांटों में भेज दिया गया। प्रशिक्षण के बाद ये लोग वापस सिंगूर आ गए। साइट पर जब प्लांट खड़ा करने और चलाने का काम शुरू हुआ तो इनका इस्तेमाल किया गया। इसका प्रभाव यह हुआ कि वेंडरों ने भी स्थानीय स्तर पर लोगों को भरती करना शुरू कर दिया। सिक्योरिटी और हाउसकीपिंग सरीखी सपोर्ट सेवाओं में भी रोजगार के अवसर पैदा हुए। सिंगूर से टाटा मोटर्स से हटने का खमियाजा इन लोगों को भी भुगतना पड़ा।

सप्लायरों और वेंडरों के कारण दूसरी तरह की समस्याएँ पैदा हुईं। इनमें से कइयों को नैनो कोरी कल्पना लगती थी। फिर, जब परियोजना का काम आगे बढ़ने लगा तो इन लोगों ने उससे जुड़ना शुरू कर दिया। रविकांत के साथ हुई एक बैठक के बाद तो इसमे तेजी आ गई। उन्होंने सभी वेंडरों को संदेश दिया, "यह परियोजना जरूर कार्यान्वित होगी। जिन लोगों को इसमें जरा भी संदेह हो, वे हट सकते हैं। जिन लोगों को भरोसा हो, वे हमसे जुड़ सकते हैं।"

छोटी-कार टीम पुर्जों के सप्लायरों की संख्या यथासंभव कम रखना चाहती थी। टाटा मोटर्स में सोर्सिंग ग्रुप के मुखिया बी.बी.पारेख कहते हैं, "हम यह संख्या 100 से अधिक नहीं रखना चाहते थे। हमने अपने सप्लायरों से कहा, देखिए, आप लोगों को हमारे साथ रहने की जरूरत है। आप लोगों को इस परियोजना के जोखिम में भागीदारी करनी होगी। हम जानते हैं कि परियोजना की रफ्तार धीमी है। लेकिन हम नहीं जानते कि प्रतिवर्ष दस लाख नैनो का उत्पादन कब शुरू होगा। हमारे खयाल से यह अगले पाँच वर्षों में संभव है, लेकिन हम पहले दिन से ही यथासंभव उपयुक्त मूल्य चाहते हैं, न कि 10 लाख के आँकड़े को छूने पर।"

पारेख के सोर्सिंग सहयोगी प्रशांत सक्सेना कहते हैं, ''कीमत की बात छोड़िए, क्वालिटी सुनिश्चित करना सप्लायरों की तरफ से सबसे बड़ी चुनौती थी। इसलिए एक वेंडर से एक ही पुर्जा लेने की रणनीति बनाई गई।'' सक्सेना कहते हैं, ''कोई भी वेंडर परफेक्ट नहीं हो सकता, प्रक्रियाएँ भी विफल हो जाती हैं। इसीलिए क्वालिटी की हमेशा जाँच करनी पड़ती है, उसमें सुधार लाना होता है और ऑडिट करना पड़ता है। तभी सप्लायर अपनी प्रक्रिया को ठीक रखते हैं।'' सक्सेना के मुताबिक, एक चुनौती बनी हुई है: अस्वीकृति को 200 पी.पी.एम. या पार्ट्स पर मिलियम (प्रति दस लाख में 200 पुर्जों) पर लाना।

नैनो में करीब 2,000 पुर्जे हैं, जबकि इंडिका में लगभग 3,000 पुर्जे लगते हैं। नैनो के 80 प्रतिशत पुर्जे आउटसोर्स किए जाते हैं। इस तरह, सप्लायर परियोजना की सफलता के लिए महत्त्वपूर्ण थे। आउटसोर्सिंग की जरूरत को अनूठे तरीके से पूरा करने के लिए पहले सिंगूर और बाद में साणंद में विक्रेता पार्क बनाया गया। वाघ कहते हैं, ''इस बात का श्रेय हमारे सप्लायरों को जाता है कि उन्होंने हमारी योजना में सहयोग किया। निस्संदेह, हमें उन लोगों को कई बार यकीन दिलाना पड़ा। तब उन्होंने भारी निवेश कर काम शुरू किया। सिंगूर की स्थिति से जितना हमें झटका लगा, उतना ही उन्हें भी। सिंगूर हमारे लिए, हमारे कर्मचारियों के लिए, हमारे आपूर्तिकर्ताओं के लिए और उनके कर्मचारियों के लिए समस्या बन गया था।''

सिंगूर में जब कारखाना लगाया जा रहा था तो वेंडर और सप्लायर टाटा मोटर्स से एक कदम पीछे थे। उनमें से कुछ ने जोखिम से बचने के लिए वेंडर पार्क में कम मात्रा में माल बनाने का फैसला किया। बाकी माल उनके अपने मुख्य प्लांट से आना था। उन्होंने सोचा कि माँग बढ़ने और माहौल स्थिर होने पर वेंडर पार्क में अधिक माल बनाया जाएगा। शीट मेटल और प्लास्टिक के पुर्जों सप्लायर सरीखे दूसरे लोगों के सामने एकबारगी निवेश के अलावा कोई विकल्प नहीं था। अशांति जब शुरू हुई, तो इन लोगों को टाटा मोटर्स जितना ही नुकसान उठाना था।

सिंगूर संकट के कारण टाटा मोटर्स को दूसरी जगह आनन-फानन में संयंत्र बैठाना था, ताकि ग्राहकों को दिया गया वचन पूरा किया जा सके। आँसू बहाने या पश्चात्ताप करने का समय नहीं था। पुणे और पंतनगर में नैनो की पहली खेप के उत्पादन का फैसला किया गया। सिंगूर से कर्मचारियों को बुलाकर परियोजना पर

काम करने के लिए विभिन्न जगहों पर भेज दिया गया। वाघ कहते हैं, "हर आदमी काम में जुट गया। हमने हर काम के लिए एक लीडर चुना। हमने लक्ष्य तय किया कि तीन महीने, छह महीने, एक साल, डेढ़ साल में क्या हासिल किया जा सकता है।"

इन प्रयासों का शारीरिक और मानसिक रूप से टाटा मोटर्स के लोगों पर क्या प्रभाव पड़ा, इसका आकलन करना मुश्किल है। शिफ्टिंग आदि से कर्मचारियों के परिवार भी प्रभावित हुए। वाघ कहते हैं, "सिंगूर परियोजना में शामिल होने के लिए भारत की विभिन्न जगहों से लोग आए थे, वे परिवार के साथ व्यवस्थित हो रहे थे, स्कूलों में बच्चों का दाखिला करा रहे थे और फिर उनसे अचानक दूसरी जगह जाने के लिए कहा जा रहा था। इसके परिणामस्वरूप पति या पत्नी को नया रोजगार ढूँढ़ना था, बच्चों को एक महीने के नोटिस पर स्कूल बदलना था। यह बहुत मुश्किल समय था। हमारे यहाँ आज भी ऐसे कर्मचारी हैं जो पुणे या पंतनगर में काम कर रहे हैं, लेकिन उनके परिवार कोलकाता या अहमदाबाद में रहते हैं।"

टाटा मोटर्स सिंगूर के तूफान से प्रभावित कर्मचारियों की मदद प्रायः नियमों से परे जाकर करती रही है। लेकिन इतना तो कोई भी कंपनी कर सकती है। वाघ कहते हैं, "मुझे दुःख है कि हम अपने सहकर्मियों के परिवारों के लिए ज्यादा कुछ नहीं कर सके। उन्हें उतनी ही परेशानियों से गुजरना पड़ा जितना कि हमें। नैनो परियोजना में इन परिवारों के योगदान को शायद ही कभी सराहा गया है।"

आयोजन टीम के एक सदस्य अतुल के. वैद्य कहते हैं, "आपको विश्वास नहीं होगा, लेकिन परियोजना पर काम करने वाला कोई भी व्यक्ति पिछले 4 वर्षों में रात 8-9 बजे से पहले घर नहीं गया। यह एक-दो लोगों की नहीं, पूरी टीम की कहानी है। हमने ढाई वर्षों में तीन फैक्टरियाँ खड़ी की हैं। टाटा मोटर्स के इतिहास में ऐसा कभी नहीं हुआ था।" इन परिस्थितियों में मनोबल को बनाए रखना असंभव काम हो सकता है। यह श्रेय नैनो टीम को जाता है कि उसने अपना मनोबल बनाए रखा।

टाटा मोटर्स ने खुद महसूस किया होगा कि उसकी मुश्किलें खत्म होने का नाम नहीं ले रही हैं।

सिंगूर मुद्दा उठने से पहले भी कई लोगों ने सोचा था कि नैनो परियोजना

सफल नहीं होगी। खुद टाटा मोटर्स के भीतर कई लोगों का ऐसा ही मानना था। इस तरह की परियोजना में, जहाँ अंधी गलियों की कमी न हो और विफलताएँ पीछा न छोड़ती हों, संदेह व्यक्त करने वाले लोगों की संख्या कुछ अधिक ही होती है। लेकिन समय के साथ, छोटी-कार टीम ने इस तरह के माहौल में काम करना सीख लिया। गिरीश वाघ कहते हैं, "हमारे साथ ऐसे कई लोग थे जो मानते थे कि इस तरह की परियोजना असंभव है। लेकिन हमारी टीम युवा और आशावादी थी। संदेह व्यक्त करने वाले लोगों को नजरअंदाज कर हम इस उम्मीद में काम करते रहे कि आज नहीं तो कल हम जरूर सफल होंगे।"

लेकिन सिंगूर के आघात से हुए नुकसान पर किसी भी तरह परदा नहीं डाला जा सकता था। इससे परियोजना के अन्य पहलू प्रभावित हुए, मुख्य रूप से कार की इंजीनियरिंग। वाघ कहते हैं, "सिंगूर पर ध्यान केंद्रित होने के कारण हमारा बहुत सारा समय बरबाद हो गया। यह शायद स्वाभाविक भी है। समूची कंपनी इसमें मानसिक रूप से लगी हुई थी जिसके कारण प्रोडक्ट की इंजीनियरिंग पर पूरा ध्यान नहीं दिया जा सका।" टाटा मोटर्स को अपने उत्पादन की योजनाएँ दोबारा बनानी और कार्यान्वित करनी थीं। "हमें परियोजना को पुनः पटरी पर लाना था, मुख्य प्लांट के लिए एक वैकल्पिक साइट की खोज करनी थी और आगे की सारी व्यवस्था करनी थी।"

एक झटके में एक परियोजना तीन परियोजना बन गई—पहले सिंगूर, फिर साणंद और फिर पंतनगर तथा पुणे में अंतरिम उत्पादन। ये तीनों परियोजनाएँ उसी टीम को उतने ही लोगों के साथ कार्यान्वित की जानी थीं। इसके अतिरिक्त, कार की इंजीनियरिंग में परिवर्तन और डिजाइन का परिमार्जन किया जा रहा था। वाघ कहते हैं, "मुझे अभी उन जगहों पर जाना है जहाँ कार का काम हो रहा है।"

तमाम झटकों के बावजूद, शीर्ष नेतृत्व, मुख्य रूप से रतन टाटा और रविकांत ने टीम के मनोबल को ऊँचा बनाए रखा। वाघ कहते हैं, "हमारी विफलताओं को देखते हुए भी श्री टाटा ने हमें कभी हतोत्साहित नहीं किया। वे हमारी बेवकूफी भरी सोच पर कुछ नहीं कहते थे। मुझे ऐसी कोई घटना याद नहीं है जब उन्होंने अपना आपा खोया हो। उन्होंने जरूर आपा खोया होगा, लेकिन उसे प्रदर्शित नहीं किया। उनके प्रेम और उत्साह का प्रभाव हर व्यक्ति पर पड़ा।"

छात्र जीवन के दिनों से ही तमाम उपलब्धि हासिल करने वाले वाघ के लिए विफलता कोई नई चीज नहीं थी। लेकिन नैनो परियोजना ने विफलता के प्रति उनके नजरिए को बदल दिया। वह कहते हैं, ''मैं विफलता से निपटने या उसे पचाने में कठिनाई महसूस करता था। फिर मैंने अनुभव किया कि यह विफलता नहीं है, बल्कि सोच छोटी है। असली अपराध यही था। मैंने श्री टाटा और श्री कांत, अन्य वरिष्ठ लोगों और अपनी टीम को देखकर बहुत कुछ सीखा। यह मेरे लिए सबक था।'' विफलता ने वाघ और उनकी टीम को विनम्रता भी सिखाई। ''इस परियोजना में पदानुक्रम के अधिकारों का कोई मूल्य नहीं था। आपको दूसरे तरीकों से लोगों को यकीन दिलाना पड़ता है। श्री कांत मुझसे कहा करते थे, ''आप को अपने उत्पाद की अवधारणा बेचनी है।' यह एक चुनौती थी और मैं कुछ समय से इस पर काम कर रहा था।''

वाघ ने जब छोटा-कार ग्रुप बनाया तो वह चाहते थे कि उसके हर सदस्य में लचीलापन, खुलापन, उत्साह और अपने आस-पास के लोगों की दक्षता बढ़ाने की क्षमता हो, और तकनीकी क्षमताओं के बारे में उनका मत था कि ''मैन्युफैक्चरिंग प्रक्रिया से जुड़ा कोई भी व्यक्ति चाहे जितने नॉलिज डाटा बैंक देख सकता है, लेकिन सबसे महत्त्वपूर्ण है उसमें उमंग और जुड़ाव की भावना का होना।'' यह बात जितनी कर्मचारियों पर लागू थी, उतनी ही परियोजना के आला अधिकारियों पर भी। कांत और वाघ ने ग्राहक के हित को सर्वोपरि रखते हुए परियोजना का नेतृत्व किया। उन्होंने विभिन्न विचारों और काम के तरीकों को समझने की कोशिश की और जरूरत पड़ने पर मदद भी ली।

वाघ कहते हैं, ''हमें तीन तरह के फैसले लेने थे: प्रशासनिक, प्रबंधकीय और इंजीनियरिंग संबंधी। इंजीनियरिंग संबंधी फैसले ज्ञान और विवेक से आते हैं। मेरे पास उस तरह का ज्ञान या विवेक नहीं है, क्योंकि मैं कोर इंजीनियरिंग का व्यक्ति नहीं। श्री आकर्ते और श्री तैलंग के मार्ग निर्देश यहाँ महत्त्वपूर्ण साबित हुए। टीम के सदस्य युवा थे, इसलिए उनकी प्रवृत्ति जोखिम उठाने की थी। श्री आकर्ते और श्री तैलंग ने हमारे ऊपर नियंत्रण रखा।''

वाघ इतने विनम्र हैं कि इसका जिक्र नहीं करते। लेकिन नैनो परियोजना को सफलता के मुकाम तक पहुँचाने में उनके नेतृत्व का बहुत योगदान रहा है। वह टाटा

मोटर्स में दूसरी पीढ़ी के व्यक्ति हैं। उनके इंजीनियर पिता अरुण वाघ 35 वर्षों की सेवा के बाद 2001 में कंपनी से सेवानिवृत्त हुए थे। वाघ 1992 में प्रशिक्षु के रूप में संगठन से जुड़े। उन्होंने महाराष्ट्र इंस्टीट्यूट ऑफ टेक्नोलॉजी से इंजीनियरिंग की पढ़ाई की और मुंबई स्थित एस.पी. जैन इंस्टीट्यूट ऑफ मैनेजमेंट एंड रिसर्च से उत्पादन प्रबंधन में स्नातकोत्तर की उपाधि ग्रहण की। टाटा कार्यकारी चयन योजना में चुने जाने के बाद वह जल्दी-जल्दी तरक्की करते गए और टाटा बिजनेस एक्सेलेंस मॉडल (टी.बी.ई.एम.) टीम में शामिल हो गए।

वाघ भले ही टाटा मोटर्स के श्रेष्ठ इंजीनियरों में से एक रहे हों, लेकिन टी.बी.ई.एम. कार्यक्रम के लिए नहीं। तभी तो उन पर कांत की नजर पड़ी। कांत ने उन्हें एस छोटे ट्रक के विकास का प्रमुख बना दिया। वहाँ उन्होंने अपनी क्षमताओं का पूरा प्रदर्शन किया जिसके कारण उन्हें नैनो परियोजना में शामिल कर लिया गया। इसी के साथ टाटा मोटर्स के बाहर की दुनिया का ध्यान भी उन पर गया। वह कहते हैं, ''इस कंपनी में मुझे जो अवसर मिले, उसके लिए मैं आभारी हूँ। मैं खुशकिस्मत हूँ कि मुझे श्री कांत और चेयरमैन के सीधे मार्ग निर्देशन में काम करने का मौका मिला। लेकिन मैंने कोई अनूठा काम नहीं किया है। मैंने त्याग किया है, खासकर परिवार के मोर्चे पर। लेकिन इस तरह का त्याग और भी कई लोगों ने किया है।''

जनवरी 2008 में जब नैनो का अनावरण हुआ तो स्वभाव से शर्मीले और संकोची वाघ मीडिया के चक्रवात में फँस गए। उन्हें दरअसल मीडिया का सामना करना नहीं आता था। वह कहते हैं, ''मीडिया के सामने मैं अपने को बहुत असहज महसूस कर रहा था। आज भी करता हूँ। चेयरमैन ने दिल्ली ऑटो एक्सपो में मुझे मंच पर बुलाने का फैसला किया। इस पर लोगों ने सोचना शुरू कर दिया कि इस कार्यक्रम में मुझे कोई बड़ी भूमिका निभानी है। उन्हें यह यकीन दिलाने में मुझे बहुत कोशिश करनी पड़ी कि मैं टीम का महज एक सदस्य हूँ।''

लेकिन लोगों की निगाहें उन्हीं पर जमी रहीं। वाघ इसके लिए तैयार नहीं थे। ''राजनीतिक पार्टियाँ मुझसे अनुरोध करती थीं कि वे मेरा अभिनंदन करना चाहती हैं। लेकिन मैं अभिनंदन को परेशानी का सबब मानता हूँ। मैंने पाया किसी चीज को राजनीतिक पुट दे देने से स्थिति बदतर हो जाती है। इसलिए मैं उनके अनुरोध को यह कहते हुए अस्वीकार करता रहा कि मैं सिंगूर में व्यस्त हूँ। या इसी

तरह का कोई और बहाना बना देता था।'' एक मौके पर तो वह बुरे फँस गए थे। फरवरी 2008 में वे अपने परिवार के साथ तीर्थयात्रा पर गए हुए थे। ''मंदिर के एक अधिकारी ने मुझे पहचान लिया और भक्तों की कतार में सबसे आगे आ जाने को कहा। इससे मुझे बहुत उलझन हुई। लोग मुझे नैनोमैन कह रहे थे।'' लेकिन उलझन बहुत जल्दी खत्म हो गई। ''खुशकिस्मती से लोगों की याददाश्त कमजोर होती है। नैनो के अनावरण के पाँच-छह महीने बाद लोगों का जुनून खत्म हो गया और हर कोई अपने-अपने काम पर वापस जा सकता था।''

छोटी-कार टीम अपने लीडर को श्रद्धा भाव से नहीं देखती थी, बल्कि उनका सम्मान करती थी। परिवहन समाकलन प्रमुख अभय देशपांडे कहते हैं, ''गिरीश में समस्या की जड़ तक जाने की क्षमता थी। वह केबिन में बैठकर आपको फोन पर निर्देश देने वाले व्यक्ति नहीं हैं। वह शॉप फ्लोर पर आएँगे, आप से बात करेंगे और फैसला लेंगे। लोग फैसला लेने में डरते हैं, लेकिन गिरीश नहीं। वह फैसला लेने में देर नहीं करते।'' बॉडी सिस्टम्स विशेषज्ञ आर.जी. राजहंस तो वाघ की एक दूसरी विशेषता के कायल हैं। वह कहते हैं, ''वाघ हमें और हमारे हर अच्छे काम को श्री टाटा और श्री कांत के ध्यान में लाते थे। वह हमें बॉस लोगों के सामने अपने विचारों को रखने की पूरी आजादी देते थे और हमारे योगदान को सराहते थे। इससे हमारा उत्साह बढ़ जाता था।''

छोटी-कार टीम के लिए अपनी प्रतिभा का प्रदर्शन करने और रचनात्मक बनने का पूरा मौका था। प्लास्टिक के विकल्प की खोज में लगा समय और प्रयास इसकी मिसाल है।

प्लास्टिक की खोज 1860 के दशक में हो गई थी, लेकिन ऑटोमोबाइल में उसका पहली बार इस्तेमाल 1920 के दशक में किया गया। कारों में उसका व्यापक इस्तेमाल 40 साल बाद शुरू हुआ (1956 के सिट्रोन डी.एस. मॉडल की छत फाइबरग्लास और पॉलिएस्टर से बनी थी)। तब से प्लास्टिक ने कई ऑटोमोटिव अवयवों के लिए बुनियादी माल के रूप में शीट मेटल को चुनौती दी है। शीट मेटल की तुलना में अपेक्षाकृत हलका एवं मजबूत, अक्षयकारी एवं मोड़ने गें आसान और अधिक लचीला होता है। इसलिए स्टाइलिंग, बिल्डिंग, अवयवों के संस्थापन और कई पुर्जों को एक में जोड़कर समेकित पुर्जा बनाने में सुविधाजनक होता है। इन

कारणों से रतन टाटा चाहते थे कि छोटी-कार परियोजना टीम शीट मेटल के विकल्प के रूप में प्लास्टिक के इस्तेमाल की हर संभावना का पता लगाए।

जिस तरह से रतन टाटा ने परियोजना में अन्वेषण के महत्त्व को आंका था, टाटा मोटर्स 100,000 रुपय के भीतर मारुति-800 की तरह कार बना सकती थी। लेकिन इससे कोई असाधारण उपलब्धि हासिल नहीं होती। यह सामान्य सस्ती कार जैसी ही होती। उन्होंने टाटा मोटर्स के सोर्सिंग प्रमुख बी.बी. पारेख से कहा, ''हमारा उद्‌देश्य यह नहीं है। हमें इसमें नवीनता लानी होगी।'' समस्या यह थी—और अब भी है कि—प्लास्टिक मेटल शीट की तुलना में अधिक महँगा है। लेकिन चेयरमैन और उनकी टीम जब प्लास्टिक को अपनी छोटी-कार की विशेषता बनाने के लिए 2005 के शुरू में दो-वर्षीय यात्रा पर रवाना हुई, तो इसे आड़े नहीं आने दिया।

हालाँकि बाद में शीट मेटल के पक्ष में प्लास्टिक के इस्तेमाल का विचार छोड़ दिया गया, लेकिन इसके पहले उत्पाद के 100 से अधिक नमूने बनाए गए थे और उनका परीक्षण भी किया गया था। कुल मिलाकर चार कारकों पर विचार किया गया था : माल की प्रत्यक्ष लागत, पेंटिंग में आसानी, निर्माण और धुलाई-सफाई। चुने गए पार्ट्स में चार दरवाजे, बोनेट, टेलगेट और फाउंडर थे (ज्यादातर आधुनिक कारों के बंपर प्लास्टिक के बने होते हैं)। तीन आपूर्ति भर्ती कंपनियों और सात प्लास्टिक के कच्चे माल के निर्माताओं (जनरल इलेक्ट्रिक, डुपोंट एवं रिलायंस) की सूची बनाई गई। जनरल इलेक्ट्रिक टाटा मोटर्स को परंपरागत सोच से छुटकारा दिलाने और प्लास्टिक के प्रयोग को सफल बनाने के लिए सबसे अधिक कोशिश कर रही थी। उसने 2005 के मध्य में अपने तीन इंजीनियरों को तीन महीने के लिए पुणे में तैनात कर दिया था।

दोनों तरफ के भरपूर प्रयासों के बावजूद, लागत कारक के कारण सफलता नहीं मिली। टाटा मोटर्स के लिए शीट मेटल की कीमत 100-105 रुपए प्रति किलो थी जबकि जनरल इलेक्ट्रिक अपनी प्लास्टिक की कीमत 140 रुपए प्रति किलो से कम करने के लिए तैयार नहीं थी। इसके पहले जनरल इलेक्ट्रिक के चेयरमैन जेफ इमेल्ट मई 2006 में रतन टाटा से मिले थे और लागत में कमी लाने के लिए अपने लोगों को एक और मौका देने का अनुरोध किया था।

रतन टाटा इस बात से निश्चित रूप से निराश थे कि नैनो में प्लास्टिक के अवयवों का व्यापक इस्तेमाल नहीं हो सका। लेकिन प्रयास व्यर्थ नहीं गया। छोटी-कार के इंजीनियरों ने प्लास्टिक की क्षमताओं और सीमाओं के बारे में बहुत कुछ सीखा। इससे भी महत्त्वपूर्ण बात यह कि विकल्प की तलाश में शीट मेटल की लागत में कमी आ गई।

टाटा मोटर्स में इस तरह के अन्वेषण में शामिल होने का मौका हमेशा नहीं मिलता। अपनी सारी क्षमताओं और उपलब्धियों के बावजूद यह एक संकीर्ण मना संगठन था और एक विभाग के लोग दूसरे विभाग के काम में हस्तक्षेप नहीं कर सकते थे। जिस समय रविकांत ने संगठन का नेतृत्व सँभाला, चीजें बदलनी शुरू हो गई थीं। लेकिन नए प्रबंध निदेशक ने मार्ग निर्देशन करने के अलावा कंपनी के नजरिए और कामकाज में वास्तविक परिवर्तन लाने के लिए दूसरों की तुलना में काफी कुछ किया। कांत ने टाटा मोटर्स को ग्राहकोन्मुखी बनाकर, कर्मचारियों को कंपनी के विभिन्न ठिकानों पर अपने सहकर्मियों से मिलने-जुलने के लिए प्रोत्साहित कर और अतीत में टीम वर्क में रुकावट बनने वाले तत्त्वों को दूर कर संगठन में नई जान फूँकी।

कांत ने युवा प्रतिभाओं को तलाशने और शीर्ष स्तर पर उन्हें मौका देने की प्रक्रिया शुरू की। उच्च क्षमता वाले ये लोग अपने प्रबंध निदेशक द्वारा आयोजित अनौपचारिक लंच और डिनर बैठकों के प्रायः अंग हुआ करते थे। नैनो परियोजना ऐसे लोगों से भरी हुई थी जो कांत की नई प्रणाली के जरिए आए थे। उनकी प्रेरणा के असाधारण स्तर और काम करने की क्षमता के कारण ही तमाम बाधाओं के बावजूद परियोजना पूरी हो सकी। विकास कार्यक्रम से नैनो ऑपरेटिंग सिस्टम बना। हालाँकि यह प्रोडक्शन प्रक्रिया अब भी विकास के चरण में है, लेकिन भविष्य में टाटा मोटर्स की बहुत मददगार साबित होगी।

टाटा मोटर्स के सामने वर्तमान में और कड़ी चुनौतियाँ हैं। मसलन, प्रति 53 सेकेंड पर एक नैनो का उत्पादन ऐसी ही चुनौती है। कांत कहते हैं, ''हमारे सामने चुनौतियाँ बढ़ती जा रही हैं। हमें लागत को नीचे रखने के लिए कोशिश जारी रखनी होगी, अनुशासित रहना होगा।'' यदि नैनो को अपने वादे पर अटल रहना है तो यह जरूरी है। क्रेडिट-रेटिंग फर्म क्राइसिल का अनुमान है कि नैनो अपने बूते कार

की बिक्री 20 प्रतिशत तक बढ़ा सकती है।

टाटा मोटर्स परियोजना को आवंटित वित्तीय संसाधनों में 15 अरब रुपए खर्च करने के अलावा भी बहुत अधिक निवेश कर चुकी है। और ऐसा करते हुए वह उस विश्वास पर खरी उतरी है जो टाटा संगठन की विशेषता है। कांत कहते हैं, ''हम कई मोर्चों पर तमाम कड़ी चुनौतियों से लड़े हैं। और हमने इस परियोजना के पहले ही दिन से अपने मूल्यों को बनाए रखा है। हमारी अंतःचेतना स्पष्ट है।''

□

nano

3

लागत कम करने की गंभीर चुनौती

कीमतें जेब पर बोझ डाल सकती हैं। नैनो परियोजना पर काम करने वाली डेवेलॅपमेंट टीम के दिमाग में उस दिन से ही यह बात छाई हुई थी, जिस दिन ज़ेनेवा मोटर शो, 2003 में टाटा मोटर्स के चेयरमैन रतन टाटा के मुँह से लखटकिया कार की चुनौती निकली थी। तब से लागत गंभीर चुनौती बनी हुई थी। विकास टीम को इस चुनौती से एक ऐसे बाजार में लगातार जूझना पड़ रहा था जहाँ कीमतों पर उसी तरह नियंत्रण पाया जाता है जिस तरह मुंबई में व्यस्त समय में ट्रैफिक पर। गांधीवादी टेक्नोलॉजी और सस्ता निर्माण सरीखी शब्दावलियाँ, जो नैनो कार्यक्रम से जुड़ी थीं, लागत कलन से निकली थीं, और परियोजना के शुरू में ये बेतुकी और असफल होने वाली प्रतीत हो रही थीं।

छोटी-कार टीम उस कीमत पर कार निकालने में सफल रही जिसे टाटा मोटर्स के चेयरमैन ने कहा था; जो एक बड़ी उपलब्धि है। यह सफलता ऑटोमोबाइल इंजीनियरिंग के इतिहास में एक महत्त्वपूर्ण मोड़ साबित हो सकती है। इसके अतिरिक्त, नैनो उस प्रक्रिया का नवीनतम स्वरूप है जिसकी शुरुआत हेनरी फोर्ड और मॉडल टी के बड़े पैमाने पर उत्पादन से शुरू हुई थी। हेनरी फोर्ड के बाद यूरोप ने मोटर कार का परिमार्जन किया और टोयोटा के प्रोडक्शन सिस्टम ने 'दुनिया को बदल दिया'। लेकिन नैनो के विकास में ऐसे किसी महत्त्वपूर्ण अनुसंधान का योगदान नहीं रहा जिस पर वह गर्व कर सके। डेवेलपमेंट टीम लागत को काबू में

रखने के लिए बस अथक परिश्रम करती रही, पुर्जा-दर-पुर्जा, प्रक्रिया-दर-प्रक्रिया।

नैनो परियोजना का लक्ष्य नई प्रक्रिया के जरिए विकासशील देशों, मुख्यत: भारत के लिए बड़े पैमाने पर कार का उत्पादन करना है। उत्तरी अमेरिका, पश्चिमी यूरोप और जापान के बाजार पहले से संतृप्त हैं। इसलिए वहाँ अपनी जगह बनाने में नैनो को मुश्किल होगी। नैनो की इस निर्माण प्रक्रिया में, कम लागत वाले ढाँचे का अर्थ कार के लिए जरूरी चीजों में कटौती करना नहीं है, बल्कि कार निर्माण की समूची प्रक्रिया को नया रूप देना है। इसमें विकास मॉडल, आपूर्तिकर्ताओं के साथ समीकरण, लॉजिस्टिक्स और सेल्स एवं विपणन शामिल हैं। ज्यादातर मोटर कार कंपनियाँ पहले उत्पाद का विकास करती हैं, फिर उसकी कीमत रखती हैं। टाटा मोटर्स ने ठीक इसका उलटा किया। लेकिन दूसरे पहलुओं में उसे परंपरागत नियमों के अनुसार चलना पड़ा।

कार के मशीनयुक्त ढाँचे के बजाय संपूर्ण कार देने की प्रतिबद्धता छोटी-कार के विकास की विशेषता थी। लागतों में कटौती की बात तो ठीक थी, लेकिन कस्टमर के हक से समझौता करने का कोई सवाल ही नहीं था, चाहे वह समग्र स्टाइलिंग का मामला रहा हो या इंजन के परफॉर्मेंस, कार के अंदर जगह, चलाने में आराम, उत्सर्जन नियमों या सुरक्षा की बात रही हो। ऐसे में, नैनो टीम और टाटा मोटर्स संगठन ने कम लागत पर एक महत्त्वपूर्ण उत्पाद बनाने का चमत्कार कैसे किया? पश्चिमी जगत् में जिस तरह से मोटरगाड़ी का विकास किया जाता है, उससे इसकी तुलना करने पर आज यह असाधारण बात दिखती है। हम यहाँ लागत के सवाल पर विस्तार से चर्चा करेंगे।

नैनो के इलेक्ट्रॉनिक इंजन प्रबंधन प्रणाली को लें। जर्मन कंपनियाँ बॉस और सीमेंस सिस्टम की सप्लाई के लिए होड़ में थीं। नैनो की सोर्सिंग टीम ने प्रणाली की एक कीमत तय की थी जो हास्यास्पद रूप से बहुत कम दिखती थी। इंडिका के लिए इसी तरह की प्रणाली की कीमत लगभग दोगुनी थी। लेकिन टीम प्रतिबद्ध थी, क्योंकि ज्यादातर मामलों में उसने कम कीमत में ही कल-पुरजे खरीदे थे। सोर्सिंग टीम के प्रमुख बी.बी. पारेख कहते हैं, ''हमने सिस्टम की सप्लाई के लिए बॉस को चुना और इसके 90 प्रतिशत विकास कार्य के लिए उसे राजी किया।'' यह इस बात की विशिष्ट मिसाल है कि परियोजना में आपूर्तिकर्ताओं से संघटकों के

विकास का काम कैसे करवाया गया।

इंजन प्रबंधन प्रणाली में 13 पुर्जे होते हैं। बॉस ने अवयवों और सेंसरों की संख्या घटाकर अपनी मानक प्रणाली निचले सोपान का संस्करण तैयार किया। सोर्सिंग टीम के सदस्य चाहते थे कि बॉस सिस्टम के हर पुर्जे की कीमत बताए, ताकि वे खरीद का ऑर्डर दे सकें। बॉस के अधिकारी असमंजस में पड़ गए। पारेख कहते हैं, "उन्होंने हमसे कहा कि वे नहीं जानते कि आँकड़े कैसे दें। उन्होंने यह भी कहा कि उन्हें प्रणाली के हर पुर्जे की कीमत के बारे में कुछ नहीं मालूम है। जर्मनों ने कहा, 'हमें आपकी लगाई कीमत पर माल देना है। और हम उसी कीमत पर माल देंगे।' यह सिंगूर संकट शुरू होने से पहले की बात है। सिंगूर संकट फैलने पर कई अन्य आपूर्तिकर्ताओं की तरह बॉस को भी अपना निवेश रोकना पड़ा। लेकिन वह इस कीमत पर माल देने के अपने वचन पर कायम थी।"

नैनो परियोजना में बॉस के विश्वास का एक कारण यह था कि इस जर्मन कंपनी के मोटरगाड़ी व्यवसाय के प्रमुख बर्न्ड बोर के साथ रतन टाटा की व्यक्तिगत मित्रता थी। सन् 2009 के शुरू में भारत यात्रा पर आए बोर ने रतन टाटा और रविकांत से भेंट की थी। उस समय कांत टाटा मोटर्स के प्रबंध निदेशक थे। वर्तमान में वह कंपनी के वाइस-चेयरमैन हैं। बोर ने रतन टाटा और कांत को बॉस के समर्थन और उसकी वचनबद्धता का भरोसा दिया था। उन्होंने कहा, "आप लोगों की समस्याओं को हम समझते हैं। हमारे सामने उससे भी बड़ी समस्याएँ हैं, लेकिन हम उन पर काबू पा लेंगे। हमें 2011-12 का इंतजार करना चाहिए। हम आकर देखेंगे कि हम कहाँ तक पहुँचे हैं। फिर हम आगे की बात करेंगे। फिलहाल, हम इसे व्यापार के जोखिम के रूप में ले रहे हैं।"

नैनो परियोजना की सफलता के लिए आपूर्तिकर्ताओं की भूमिका शुरू से ही महत्त्वपूर्ण थी। छोटी-कार के 2,000 से अधिक पुर्जों में से करीब 80 प्रतिशत विक्रेताओं से आते हैं। विचार यह था कि आपूर्तिकर्ताओं की संख्या लगभग 100 तक सीमित रखी जाए। इसके पीछे लागत-बचत का तर्क भी था। पारेख कहते हैं, "हम हर संभव लागत न्यूनतम रखना चाहते थे। इसलिए हमें अपने आपूर्तिकताओं को अधिक-से-अधिक व्यवसाय देना था।" टाटा की एकल आपूर्तिकर्ता रणनीति ने यहाँ अहम् भूमिका निभाई है। विचार यह था कि विक्रेताओं के साथ मजबूत

साझेदारी बनाई जाए, दीर्घकालिक मुनाफे तथा व्यापार के जोखिम में भागीदारी की जाए और संबंधों में स्थिरता लाई जाए। किसी पुर्जे के दो या तीन आपूर्तिकर्ताओं की तुलना में एक एकल आपूर्तिकर्ता को अधिक फायदा होता है। ''इसलिए हमने ऐसे आपूर्तिकर्ताओं की सूची बनाई जिनके पास क्षमता और संसाधन दोनों हों। हमारी योजना प्रतिवर्ष लगभग 10 लाख नैनो बनाने की थी। सो, हमें ऐसे लोगों की जरूरत थी जो इतनी कारों के लिए पुर्जों की आपूर्ति कर सकें।''

टाटा मोटर्स ऐसे आपूर्तिकर्ताओं को अपने से जोड़ने की अधिक इच्छुक थी, जो डिजाइन और उत्पादन में नवीनता लाकर लागत घटाएँ। पारेख कहते हैं, ''यही वजह है कि हम डिजाइन क्षमता वाले आपूर्तिकर्ताओं की तलाश कर रहे थे। हम चाहते थे कि वे हर चीज के लिए हमारे डिजाइनरों पर निर्भर रहने के बजाय प्रोडक्ट डिजाइन में योगदान करें।'' सबसे महत्त्वपूर्ण बात यह थी कि सोर्सिंग टीम को ऐसे कलपुर्जा निर्माताओं की तलाश थी जो परियोजना के पहले ही दिन से सस्ती-से-सस्ती कीमत पर पुर्जों की आपूर्ति कर सकें न कि उत्पादन के चरम के दिनों में, जैसाकि निर्माण का सामान्य नियम है। ''हमारे पास ऊँची लागत से शुरू करने और फिर धीरे-धीरे उसे नीचे लाने का विकल्प नहीं था।''

लागत की समस्या से निपटने का दूसरा तरीका यह था कि जहाँ भी संभव हो गैरपरंपरागत चीजों का इस्तेमाल करना। यह पहलू कहीं भी उतना काम नहीं आया जितना कि छोटी कार के सीटिंग अरेंजमेंट में। एक समय तो विकास टीम फर्नीचर कैटालॉग्स के अध्ययन में जुट गई। लेकिन यहाँ भी सीट सरीखे जटिल मुद्दे का समाधान नहीं मिला।

टीम ने पाँच व्यक्तियों के बैठने लायक सीटों के विन्यास की जो लागत तय की थी, वह बाजार से बहुत कम थी। अंततः टीम को जिस सीट सिस्टम की तलाश थी, वह टाटा ऑटोकंप सिस्टम्स के संयुक्त उद्यम टाटा जॉनसन कंट्रोल्स में मिली। पारेख कहते हैं, ''कीमतें उम्मीद से काफी कम थीं। इससे यह पता चलता है कि हमने किस तरह का लागत स्तर हासिल किया है।''

सप्लायरों के पक्ष की कहानी तो और भी अधिक विशिष्ट है। टाटा मोटर्स और ऑटो कॅम्पोनेंट निर्माताओं ने दीर्घकालिक साझेदारी की जिससे ठोस लागत फायदों की नींव पड़ी। पारेख कहते हैं, ''जैसे-जैसे परियोजना में प्रगति होती गई, हमारे

सप्लायरों का उत्साह भी बढ़ता गया। इस तरह, हमें न्यूनतम संभव लागत पर पुर्जे मिले। हमारे सप्लायरों ने नैनो परियोजना में थोड़ा जोखिम उठाया है।'' लेकिन इस दीर्घकालिक साझेदारी के लिए प्रयास करना पड़ा था। टाटा मोटर्स को छोटी-कार की अवधारणा के बारे में सप्लायरों को यकीन दिलाने के लिए बहुत कुछ किया। दरअसल, ये सप्लायर पहले इस तरह की किसी भी परियोजना से नहीं जुड़े थे।

डिजाइन में नवीनता और दीर्घकालिक फायदे की संभावना ने सप्लायरों को परियोजना की ओर आकर्षित किया, न कि सस्ते बाजार या लागत संबंधी सौदेबाजी ने। पारेख कहते हैं, ''अंततः आपको यह सुनिश्चित करना होता है कि सप्लायर चाहे जो हो और वह चाहे जिस किसी भी कीमत की पेशकश कर रहा हो, उसमें उसके बिजनेस के हित हों। उसे परियोजना से फायदा होना ही चाहिए, तभी वह आपसे जुड़ेगा। अन्यथा आपको ऐसी कीमत पर माल मिलेगा जो व्यवहारिक नहीं होगा और सप्लायर करार पूरा करने में दिवालिया हो जाएगा।''

पारेख ने इंडिका परियोजना के लिए सोर्सिंग पर काम करते हुए जो कुछ देखा था, नैनो का अनुभव उससे भिन्न रहा। इस अनुभव से यह पता चला कि टाटा मोटर्स ने 1998 में मोटर कार मैन्युफैक्चरिंग में प्रवेश करने के बाद से काफी लंबी दूरी तय की है। ''मुझे याद है कि इंडिका परियोजना के दौरान कुछ सप्लायरों ने यह कहते हुए संदेह व्यक्त किया कि हम इसमें क्यों सफल नहीं हो सके। उन्होंने यह सवाल भी किया कि उन्हें किसी अपरीक्षित उद्यम में क्यों निवेश करना चाहिए। लेकिन नैनो के साथ विश्वसनीयता का सवाल नहीं था। यही वजह थी कि श्री टाटा इसके बारे में बढ़चढ़ कर बात कर रहे थे। उनकी निष्कपटता ने हमें अपने सप्लायरों को नैनो के बारे में यकीन दिलाने के लिए प्रेरणा दी।''

रतन टाटा ने भले ही 1 लाख रुपए की कार बनाने का वादा किया था, लेकिन लागत चेयरमैन को परेशान करने वाली चिंता कभी नहीं रही। पारेख कहते हैं, ''वह कस्टमर को सर्वोपरि मानते थे। उन्होंने हमें निर्देश कभी नहीं दिया, बल्कि वह लोगों को कायल करने में विश्वास करते थे। वह हमें लागत को ध्यान में रखने और कार को बेहतर बनाने के लिए कहते रहते थे। हमारी पहली मुलाकात होती, दूसरी मुलाकात होती, फिर तीसरी होती और अंत में लोग उनके नजरिए को स्वीकार कर लेते थे। उन्होंने अपना प्रयास कभी नहीं छोड़ा। उन्होंने कभी समझैता नहीं किया।''

नैनो परियोजना से लागत के बारे में अमूल्य ज्ञान मिला। पारेख कहते हैं, "इसने हमें सिखाया कि कोई भी चीज संभव है। इसलिए अब हम लागत के लक्ष्य से परेशान होने वाले नहीं हैं। हम समझ गए हैं कि सप्लायरों के साथ सही तरीके से काम करने से हमें मनचाही लागत मिल सकती है। मेरे विचार से, हमने लागत पर काबू पाने का तरीका सीख लिया है।"

ऐसे कई कारक हैं जिनसे नैनो को लागत पर काबू पाने में मदद मिली। नैनो का डैशबोर्ड प्लास्टिक के एक लंबे एकल टुकड़े से बना है। उसकी केंद्रीय प्रस्थापन के साथ उसका डिजाइन राइट और लेफ्ट हैंड ड्राइव दोनों तरह के बाजारों के लिए बनाया जाता है। इस सेंट्रल कन्सोल में उपकरणिका बुनियादी है और सामने बैठने वाले यात्री की तरफ सामान रखने के लिए जगह है। कार के बुनियादी मॉडल में लाइट्स, सिग्नल्स और वाइपर के लिए स्टीयरिंग कॉलम पर केवल एक कंट्रोल शॉफ्ट होता है (जबकि हाई-एंड कार में दो होते हैं)। स्टीयरिंग रैक खुद एक सिंगल-पीस स्टील ट्यूब होती है, जो खरादने और संयोजन की लागत में भारी कमी ला देती है।

बेसिक नैनो के दरवाजों में सामान रखने की जेबें नहीं हैं (जबकि हाई-एंड नैनो में हैं)। इसमें सामान्य डोर पैनल हैं, इसके बंपर प्लास्टिक के बने हैं (जो बुनियादी मॉडल में पेंट किए हुए नहीं होते) और कार के दोनों तरफ एयर स्कूप्स होते हैं, एक हवा को इंजन में ले जाता है और दूसरा उसे ठंडा करता है। कार की सीटें एक स्टील बार पर लगी हैं। यह कार की पूरी केबिन में जाता है, सेफ्टी ऐंकर का काम करता है और कुछ हद तक साइड-इंपैक्ट से बचाता है। लागत और वजन को ध्यान में रखते हुए हैचबैक विकल्प को छोड़ दिया गया। इससे पिछली सीट के नीचे सामान रखने की जगह बन गई है। पीछे की सीट को आगे की तरफ मोड़कर यह जगह बनाई जा सकती है।

इंजन को पीछे लगाने और टायरों में तीन नटों का इस्तेमाल करने से भी लागत में कमी आई है। स्टैंडर्ड कॉन्फिगरेशन में साइड मिरर केवल ड्राइवर की तरफ है। ईंधन भरने के लिए छेद नहीं बनाया गया है (यह हुड में है)। और एक एकल विंडशील्ड वाइपर लगाया गया है। नैनो की बॉडी वजन में हलकी है (जिससे लागत में कमी आई है), इसके पहिए सामान्य से छोटे हैं जिनका आकार आगे-

पीछे अलग-अलग है (इसका उद्देश्य परफॉर्मेंस एवं राइड क्वालिटी में सुधार लाना और कार को संतुलित बनाना है, क्योंकि इंजन के पीछे लगे होने से कार उस तरफ भारी है)। कार का ठोस डाइमेंशन भी है (कार जितनी छोटी होगी, उसके निर्माण की लागत कम होगी)। लागत के कारण ही नैनो विकास टीम ने वेल्डेड स्टील के बजाय प्लास्टिक और एडहीसिव के इस्तेमाल का विचार छोड़ दिया।

नैनो परियोजना की न्यू प्रोडक्ट इंट्रोडक्शन टीम के सदस्य विवेक सहस्त्रबुद्धे लागत में कमी लाने की कवायद को डिजाइन से प्रेरित बताते हैं। वह कहते हैं, ''पारंपरिक डिजाइन में पारंपरिक लागत आती है। हमें अपने लक्ष्य को पूरा करने के लिए परंपरा से परे जाना था। सो, हमने कॉम्बिनेशन स्विचेज आदि के कामकाज को एकीकृत करने पर विचार किया, पुर्जों की संख्या घटाने की कोशिश की, सप्लायरों के लिए कार्यशालाओं का आयोजन किया और हर कदम पर लागत का ध्यान रखा।''

ऑटोमोबाइल इंडस्ट्री के विशेषज्ञों का कहना है कि नैनो की कम लागत का रहस्य वह संकल्पना है जिसे टार्गेट प्राइसिंग (लक्षित कीमत) या टार्गेट कॉस्टिंग (लक्षित लागत) कहा जाता है। यह ऐसी प्रक्रिया है जो यह तय करती है कि ग्राहक के नजरिए से कौन सी विशिष्टियाँ और क्रियाएँ आवश्यक हैं। उदाहरण के लिए, क्या ग्राहक दो दरवाजे चाहते हैं या चार? इंजन की क्षमता कितनी होनी चाहिए? विंडशील्ड वाइपर्स में दो ब्लेड होने चाहिए या एक? एक बार यह सब तय हो जाने पर हर कल-पुर्जे या प्रणाली, हर नट एवं बोल्ट की लागत निर्धारित की जाती है। यही वजह है कि नैनो में गियर के बजाय परिवर्तनशील ट्रांसमिशन और ऐंटी-ग्लेयर कोटिंग या स्क्रूज के बिना एक इंस्ट्रमेंट क्लस्टर लगा है।

लक्षित लागत की धारणा सप्लाई चेन की प्रक्रिया को भी परिभाषित करती है। सामान की सूची में कमी लाकर, इंतजार एवं विलंब को दूर कर, गोदामों एवं ट्रकों का इस्तेमाल बढ़ाकर, गोदामों एवं संयंत्रों के लिए बेहतरीन जगह चुनकर और परिवहन तंत्र का उपयोग कर लागत और फिजूल खर्ची में कमी लाई जाती है। इन प्रयासों से छोटी-कार की कार्यशील पूँजी लागत निश्चित रूप से बहुत घट गई।

एक भिन्न किस्म की लक्षित लागत भी नैनो के बेस मॉडल की कीमत में दिखती है। इस मॉडल से टाटा मोटर्स को बहुत कम मुनाफे की उम्मीद है। कंपनी

का मानना है कि उसे नैनो के महँगे मॉडलों से लाभ होगा, जिनमें एयर कंडीशनिंग, इलेक्ट्रिक विंडो, कलर-कोडेड बंपर्स और कई अन्य विशेषताएँ हैं। (यह देखने के लिए कि नैनो और विकसित देशों की 'कम लागत वाली छोटी-कार' में क्या अंतर है, आप उसे टू-सीट स्मार्ट फोर्टू के बगल में खड़ा कर दीजिए। फोर्टू की कीमत चार-पाँच गुना अधिक है।)

सोर्सिंग टीम में पारेख के सहयोगी प्रशांत सक्सेना कहते हैं, "1 लाख रुपए में जितनी चीज खरीदी जा सकती है, उससे अधिक देकर हम ग्राहक को हैरान करना चाहते थे। लागत एक सच्चाई है, आप इसकी अनदेखी नहीं कर सकते। कीमत नीति से संबंधित हो सकती है, लेकिन लागत तथ्य है। हमारे पास लक्षित लागत थी। इसलिए हमने हर अवयव के मामले में इस पहलू पर नजर रखी।" लेकिन इतना ही पर्याप्त नहीं था। परियोजना में मैन्युफैक्चरिंग प्लानिंग फंक्शन के प्रमुख प्रियदर्शन क्षीरसागर के मुताबिक, विकास टीम को अपने भीतर सबसे पहले यह विश्वास जगाना था कि नैनो के असंभव से दिखने वाले लागत समीकरण को हासिल किया जा सकता है। वह कहते हैं, "2006 में जब मैं इस परियोजना से जुड़ा तो उस समय शायद ही किसी ने सोचा था कि हम कार की लागत को काबू में रख सकते हैं। यह कंपनी की थोड़ी गोपनीय परियोजना थी। दिन-ब-दिन इस पर लंबे समय तक काम करने के बाद हमें यकीन हुआ कि यह सचमुच संभव है।"

मैन्युफैक्चरिंग प्लानिंग टीम के लिए, जिस पर नैनो के बड़े पैमाने पर उत्पादन के लिए उपयुक्त टेक्नोलॉजी और साधन की व्यवस्था करने की जिम्मेदारी थी, लागत की चुनौती ने एक भिन्न स्वरूप ले लिया। मैन्युफैक्चरिंग प्लानिंग टीम के प्रमुख क्षीरसागर कहते हैं, "हम अपने प्लांट में जिन चीजों का इस्तेमाल कर रहे हैं, उनमें से ज्यादातर का इस्तेमाल मर्सिडीज और बी.एम.डब्लू. सरीखी कंपनियाँ भी कर रही हैं। हमने लागत सीमा के कारण सभी तरह के ताम-झाम और अतिरिक्त ऑटोमेशन को हटा दिया है और केवल उन्हीं चीजों को लिया है जिनकी हमें जरूरत है। हमारे कई सप्लायरों ने हमसे अनुरोध किया है कि हम उनसे खरीदे जाने वाले उपस्करों और टेक्नोलॉजी की कीमत किसी को न बताएँ।"

लागत के मोर्चे पर नैनो परियोजना को जिस चुनौती का सामना करना पड़ा है, वह आज कम मुश्किल भरी लग सकती है। गिरीश वाघ कहते हैं, "आज हम

जहाँ हैं, वहाँ लागत सीमा के भीतर पहुँचने के लिए हमारे सामने 8,000 से अधिक सुझाव थे। इन्हें लागत न्यूनीकरण के तीन चरणों से जोड़ा गया था। 'लागत' शब्द से जुड़ी हर चीज पर गंभीरता से विचार किया गया था।'' इसका अर्थ था, प्रत्यक्ष मैटेरियल कॉस्ट और परिवर्तनशील एवं स्थिर रूपांतरण लागत; सप्लाई चेन एवं लॉजिस्टिक्स; परीक्षण एवं वारंटी; वित्त एवं कार्यशील पूंजी प्रबंधन और कराधान, ब्याज एवं मूल्यह्रास।

परियोजना के शुरू में वेंडरों के साथ गहन बातचीत के जरिए लागत पर काबू पाया गया। वाघ कहते हैं, ''लागत में कमी लाने की शर्त चुनींदा सप्लायरों के बजाय सभी संभावित वेंडरों पर लागू थी। इसके अतिरिक्त, क्रमवार आपूर्ति के लिए सभी वेंडरों को सूचना प्रौद्योगिकी के जरिए जोड़ दिया गया था। लागत न्यूनीकरण कवायद के तीसरे चरण में हमने पहले और दूसरे चरण की सफलताओं की समीक्षा की। इस सबका नतीजा यह निकला कि वेहिकिल परफॉर्मेंस के मामले में किसी तरह का समझौता किए बिना हम उस मुकाम पर पहुँच गए जहाँ पहुँचना चाहते थे।''

अगर परियोजना के दोनों लीडरों रविकांत और गिरीश वाघ ने लागत कारक के कारण पैदा होने वाली समस्याओं को धैर्य से नहीं सुलझाया होता तो वह विकास टीम के लिए गले की फाँस बन जाता। वाघ कहते हैं, ''मैं टीम से कहा करता था कि लागत के बारे में बहुत अधिक चिंतित होने की जरूरत नहीं है। सबसे महत्त्वपूर्ण बात इंजीनियरिंग की समस्याओं को सुलझाना था। इसके बाद लागत के मुद्दे को हल करना था। मैं नहीं चाहता था कि लोग लागत को लेकर परेशान रहें।''

रतन टाटा परियोजना की प्रगति की समीक्षा के लिए जब भी पुणे आते थे, कोई-न-कोई सुझाव देते थे। उनके सुझावों पर काम करना अलग मामला था। चेयरमैन की दिलचस्पी कार की बनत में खासतौर पर थी। इसलिए उनके सुझावों से लागत में बढ़ोतरी होनी ही थी जिसके कारण वाघ और उनकी टीम के सदस्य चिंतित हो जाते थे। जिस डेवेलॅपमेंट प्रोग्राम में एक-एक पैसे का महत्त्व हो, इस तरह की चिंता लाजिमी थी। लेकिन इससे नैनो टीम का काम आसान नहीं हुआ। अंततः एक चरण ऐसा आया जब कांत को हस्तक्षेप करना पड़ा। एक दिन उन्होंने वाघ को एक तरफ ले जाकर कहा, ''एक, पाँच या दस रुपए से मत चिपके रहो।

चेयरमैन बनत के बारे में जो कहते हैं, उसे करो। हम देखेंगे कि बढ़ने वाली लागत की क्षतिपूर्ति दूसरी जगह कैसे की जा सकती है।''

रतन टाटा खुद टीम पर पड़ने वाले दबाव से वाकिफ थे। उनकी तरफ से विचार आमतौर पर इस सवाल के साथ आते थे, ''गिरीश, मैं जानता हूँ, तुम कहोगे कि इससे लागत बढ़ जाएगी। इसके बावजूद, क्या तुम इसे कर सकते हो?'' वाघ को अपने ऊपर कभी संदेह था। ''मैं कहा करता था 'सर, हमें बताइए कि आप क्या चाहते हैं। हम लागत का ध्यान रखेंगे।' मेरी टीम के सदस्यों को इस तरह की बात कभी अच्छी नहीं लगती थी। वे कहते थे कि इससे लागत पर काबू नहीं पाया जा सकता। लेकिन मेरे दिमाग में यह बात स्पष्ट थी कि श्री टाटा के सुझावों पर अमल करना ही है। ग्राहक की पसंद के बारे में जितना अधिक चेयरमैन समझते थे, दूसरा कोई भी नहीं। हमें इस धारणा को मिटा देना था कि टाटा की कारें शुरू में पर्याप्त अच्छी नहीं होतीं।

जिस समय जिंस और कच्चे माल की कीमतें आसमान छू रही थीं, खासतौर पर 2009 में नैनो के लॉन्च होने से पहले के चार-पाँच वर्षों के दौरान, लागत को काबू में रखना बहुत बड़ी चुनौती थी। वाघ कहते हैं, ''हमारी लागत के कुछ लक्ष्य तय नहीं थे, इसलिए संकट और बढ़ गया था। इसकी वजह नैनो के डिजाइन और विकास की प्रक्रिया थी। हम उसके बारे में कुछ नहीं कर सकते थे। हमारे यहाँ एक ही काम की बार-बार पुनरावृत्ति हो रही थी—उप प्रणालियों और कल-पुर्जों के साथ लेआउट के स्तर पर, एग्रिगेट के स्तर पर। इसका मकसद यह देखना होता था कि हम लागत में अधिक-से-अधिक कमी कैसे ला सकते हैं।'' इन सबसे कितना फायदा हुआ? ''मेरे खयाल से, हम लागत में 25-30 प्रतिशत तक की कमी लाने में सफल रहे।''

किसी महत्त्वपूर्ण अनुसंधान के जरिए लागत में कमी लाने का चमत्कार नहीं किया गया था। यह तमाम छोटे-छोटे सुधारों का नतीजा था। यहाँ तक कि इंजीनियरिंग के शोध-विज्ञानियों को भी ऐसी किसी दिलचस्प चीज की खोज के लिए मेहनत करनी पड़ती जिससे लागत में बचत हो। वाघ कहते हैं, ''अंतत: हमने एक समाधान पा लिया। इससे हमारा उद्‌देश्य भले ही पूरा न हुआ हो, लेकिन हमे वह चीज मिल गई थी, जो स्वीकार्य थी।'' नैनो के बारे में ऑटोमोबाइल जगत्

और आम आदमी की प्रतिक्रिया को देखते हुए इस समाधान की स्वीकार्यता में कोई संदेह नहीं था। लेकिन इस बात की कोई गारंटी नहीं थी कि ग्राहक भी इसे पसंद करेंगे। कांत कहते हैं, ''कस्टमर अब भी सोचता है कि उसे 100,000 रु. में उतना मिलना चाहिए जितना दूसरों को पाँच गुना कीमत में मिलता है। यह किसी उपनगर के दो शयनकक्षों वाले फ्लैट की कीमत पर किसी महँगे इलाके में तीन शयनकक्षों वाला फ्लैट खरीदने की उम्मीद करने जैसा है।'' लेकिन टाटा मोटर्स ने ऐसा कर दिखाया है। वह बधाई का पात्र है।

टाटा मोटर्स के इंडिया ऑपरेशंस के प्रबंध निदेशक प्रकाश तैलंग का मानना है कि कस्टमर की उम्मीद को ध्यान में रखने से छोटी-कार परियोजना में कई तरह से मदद मिली। वह कहते हैं, ''हमने लागत घटाने के लिए एक-एक रुपए का हिसाब रखा। साथ ही, हम ग्राहकों को किसी चीज से वंचित नहीं करना चाहते थे। हमारे दिमाग में यह बात हमेशा रहती थी कि ग्राहक नैनो को सस्ता डिब्बा न समझें।'' कद-काठी के लंबे तैलंग ने यात्री के रूप में ही सही, यह सुनिश्चित किया कि ऐसा न हो। वह और रतन टाटा, जिनकी लंबाई लगभग बराबर थी, नैनो के ज्यादातर महत्त्वपूर्ण परीक्षण रन के दौरान उसमें बैठ जाते थे। ''श्री टाटा आगे की सीट पर बैठते थे और मैं उनके पीछे बैठता था। हमें किसी तरह की परेशानी नहीं होती थी। कार के भीतर इतनी जगह देखकर लोग चकित हो जाते थे।''

नैनो का आकार बाहर से भले ही छोटा दिखे, लेकिन उसके भीतर काफी जगह है। कार का डिजाइन ही अंतर को रेखांकित करता है। नैनो की डिजाइन टीम के सदस्य निखिल जाधव का मानना है कि कार की डिजाइन लागत पर कोई कड़ी बंदिश न होने से लोगों को मन मुताबिक काम करने की छूट मिल गई थी। वह कहते हैं, ''आमतौर पर डिजाइन को खर्चीला मामला माना जाता है। इससे कार की कीमत बढ़ जाती है। लेकिन नैनो के साथ हमने ऐसा नहीं होने दिया। हमने उसकी डिजाइन से समझौता नहीं किया। फिर, यह सीधी-सादी डिजाइन भी नहीं है।''

वाघ लागत के खिलाफ लड़ाई में अहम् योगदान करने का श्रेय सोर्सिंग टीम को देते हैं। टीम ने न केवल कार के कल-पुर्जों, बल्कि नैनो की निर्माण के लिए मशीनरी और उपस्कर की लागत में भी बहुत बचत की। वाघ सिंगूर से हटने के लिए बाध्य किए जाने के विषय पर खिन्नता से बात करते हैं। सिंगूर संकट के कारण

ही थोड़े समय के लिए सभी लागत समीकरण गड़बड़ा गए थे और परियोजना के पटरी से उतरने का खतरा पैदा हो गया था। उन परिस्थितियों में भी छोटी-कार की मूल कीमत पर अटल रहना साहस की बात थी। यह आस्था की छलांग थी, दृढ़ता एवं असंशय का प्रदर्शन था जिस पर चारों तरफ रतन टाटा की छाप थी।

रतन टाटा जनवरी 2008 में दिल्ली ऑटो एक्सपो में नैनो के अनावरण से पहले हफ्ते भर पुणे में रहे। इस दौरान वह तैयारियों पर निगरानी रख रहे थे और यह सुनिश्चित कर रहे थे कि किसी तरह की कमी न रह जाए। रतन टाटा के साथ वाघ भी थे जो अभी तक इस उधेड़बुन में थे कि उनके बॉस मूल कीमत पर अटल रहेंगे कि नहीं। ''एक शाम मैंने उनसे पूछा कि क्या वह अनावरण में कीमत की घोषणा करेंगे। उन्होंने कुछ नहीं कहा। सो, मैंने उनसे बढ़ती कीमतों पर बात करनी शुरू कर दी। मैंने उनसे पूछा कि क्या हम कार के अधिकृत रूप से लॉन्च होने तक कीमत के बारे में फैसला टाल सकते हैं। इस पर भी उन्होंने कुछ नहीं कहा।''

रतन टाटा ने भले ही अपने टीम लीडर के सवालों का जवाब नहीं दिया हो, लेकिन तब तक वह फैसला कर चुके थे। टाटा मोटर्स के चेयरमैन और नैनो के मुख्य प्रणेता ने दुनिया के सामने अपनी कल्पना की कार का अनावरण करते हुए कहा, ''वादा वादा होता है।'' यानी कीमत वही होनी थी जिसका उन्होंने वादा किया था। भले ही उनके सपने को मूर्त रूप लेने में पाँच साल लगे थे और लाखों संघर्ष करने पड़े थे।

□

4

सिंगूर से साणंद

अतुल के.वैद्य उस स्वप्न पर अंतिम नजर डालने आए थे जो जल्दी ही दुःस्वप्न में बदलने वाला था। उसे देखकर उनकी आँखों में आँसू आ गए। नैनो डेवलॉपमेंट प्रोग्राम की प्लानिंग टीम से जुड़े वरिष्ठ इंजीनियर वैद्य छोटी-कार संयंत्र की मूल जगह को गुपचुप देखने गए थे, क्योंकि उनके पास एक ऐसा रहस्य था जिसे मुट्ठी भर लोग ही जानते थे। वह रहस्य था: टाटा मोटर्स जल्दी ही पूरी होने वाली नैनो परियोजना को बंद कर देगी और प्रतिकूल स्थितियों वाले पश्चिम बंगाल से निकल जाएगी। आज वह यहाँ सितंबर 2008 की झुलसाने वाली गरमी में एक विशाल औद्योगिक शेड में खड़े थे जहाँ हजारों टन की मशीनरी बेकार पड़ी थी। इस दृश्य को देखकर वह रोए बिना नहीं रह सके। इसके एक हफ्ते बाद ही विस्मित दुनिया के सामने परियोजना को बंद करने की घोषणा होने वाली थी।

वह कहते हैं, "हमने यहाँ संयंत्र लगाने के लिए सबकुछ शून्य से शुरू किया था और महीनों कड़ी मेहनत की थी। लेकिन निवेश, मानव श्रम, उत्साह, प्रयास—सबकुछ मिट्टी में मिल गया। यह असह्य था।" वैद्य के साथ एक सुरक्षा अधिकारी और उनकी टीम के एक सदस्य जयदीप देसाई भी थे। लेकिन इन दोनों में से किसी को भी आभास नहीं था कि अगले कुछ दिनों में क्या होने वाला है। "जयदीप हैरान-परेशान थे। वह मुझसे पूछ रहे थे कि मामला क्या है, मैं भावात्मक क्यों हो रहा हूँ। मैं उन्हें सही बात नहीं बता सका। इस हफ्ते आप एक विस्मयकारी प्रोडक्ट

के निर्माण के लिए पूरी तरह से तैयार हैं और अगले हफ्ते आप यहाँ से जाने के लिए बोरिया-बिस्तर बाँधना शुरू करेंगे। यह बहुत पीड़ादायक था।''

सिंगूर से हटने की सच्चाई जब धीरे-धीरे सामने आने लगी तो टाटा मोटर्स के हर आदमी को पीड़ा हुई। कंपनी के बाहर के तमाम लोग भी दु:खी थे। फैक्टरी तो हटाने के लिए नहीं लगाई गई थी! आखिर विभिन्न विकल्पों पर विचार करने के बाद, रतन टाटा के सुझाव पर ही सिंगूर को चुना गया था। खुद पश्चिम बंगाल में कुछ दूसरे विकल्प थे।

परियोजना की शर्तों पर वार्ता टाटा मोटर्स की तरफ से दो वरिष्ठ एक्जीक्यूटिव अमरजीत सिंह पुरी और आर.एस. ठाकुर कर रहे थे। मार्च 2008 के आखिर में पश्चिम बंगाल सरकार के साथ एक प्रारंभिक समझौते पर दस्तखत किए गए। लेकिन दस्तखत करने का दिन शायद अशुभ था। टाटा मोटर्स के अधिकृत हस्ताक्षरकर्ताओं में से एक ठाकुर जब जमशेदपुर से कोलकाता आ रहे थे तो कार दुर्घटना में उनका कंधा चोटिल हो गया और वह कोलकाता हॉस्पिटल में बिस्तर पर पड़े थे। दूसरे अधिकृत हस्ताक्षरकर्ता पुरी के पीछे पश्चिम बंगाल की मीडिया पड़ी थी, जिसे सनसनीखेज खबर की तलाश थी। पुरी याद करते हैं, ''मैं टैक्सी में था और मीडिया के लोग मेरा पीछा कर रहे थे। मैं सुबह 11 बजे से दोपहर बाद 2 बजे तक शहर में इस टैक्सी से इधर-उधर घूमता रहा और अंतत: उनसे पीछा छुड़ाने में कामयाब रहा। ठाकुर बिस्तर से उठ नहीं सकते थे, इसलिए मैं अस्पताल गया और उनके दस्तखत लिये।'' यह संभवत: उन घटनाओं का अपशकुनी संकेत था जो अंध राजनीति, औद्योगिक विकास के बारे में परस्पर विरोधी विचारों और राज्य सरकार की जमीन-अधिग्रहण प्रक्रिया के खिलाफ स्थानीय असंतोष के मिश्रण से पैदा हुए सिंगूर संकट के दौरान घटित होनी थीं। टाटा मोटर्स के अधिकारियों को उस समय से ही गड़बड़ी की आशंका थी, जब जनवरी 2007 में फैक्टरी का शिलान्यास किया गया। मीडिया और स्थानीय लोगों ने शिलान्यास समारोह को जानबूझकर तवज्जो नहीं दी। साइट पर उस दिन भी पुलिसकर्मी मौजूद थे, जो जल्दी ही वहाँ के स्थायी अंग बन गए। यह इस बात का संकेत था कि परियोजना को हर समय खतरा है।

सरकार और जिला प्रशासन के अधिकारियों से बातचीत करने वाले टाटा

मोटर्स के वरिष्ठ एक्जीक्यूटिव दिलीप सेन गुप्त कहते हैं, "हमने साइट के चारों ओर अस्थायी बाड़ लगा दी थी जिसे लोग तोड़कर भीतर आ जाते थे और गड़बड़ी फैलाते थे। फिर हमने समुचित चहारदीवारी का निर्माण शुरू करवाया। लगभग 14 किलोमीटर लंबी इस चहारदीवारी का काम 45 दिनों में पूरा हो गया।" चहारदीवारी का उद्देश्य लोगों को बाहर रखने की बजाय साइट का सीमांकन करना था। ऐसा रतन टाटा के इस विचार के मद्देनजर किया गया था कि दुनिया उनकी इस आधुनिक फैक्टरी को देखे। वह इसे जेल में तब्दील नहीं करना चाहते थे जहां कर्मचारी बंद रहें।

चहारदीवारी भले ही खड़ी हो गई हो, लेकिन निचले क्षेत्र में स्थित इस स्थल को बारिश की बाढ़ से नहीं बचाया जा सका। आयोजन और निर्माण टीम ने इस पहलू को नजरअंदाज किया था जिससे परियोजना को भारी नुकसान उठाना पड़ा। पहली बाढ़ अगस्त 2007 में आई। लेकिन परियोजना के लोग इसके लिए पूरी तरह से दोषी नहीं थे। दरअसल, कुछ ग्रामीणों ने साइट के सिरे पर छोटी नहरें खोद दी थीं जिससे भीतर पानी भर गया। टाटा मोटर्स के अधिकारियों को इस तथ्य का पता बाद में चला। दूसरी बाढ़ इसके महज कुछ ही दिनों बाद आई। लेकिन यह और पहले की बाढ़ उतनी भयावह नहीं थी जितनी कि सितंबर-अक्तूबर में हुई मूसलाधार बारिश। इससे परियोजना गहरे संकट में फँस गई।

बार-बार की बाढ़ के खतरे से बचने के लिए जमीन के तल को ऊपर किया गया, समुचित ड्रेनेज सिस्टम बनाया गया और 5,000 वर्गमीटर में दोबारा फर्श बिछाया गया। इसके कारण छोटी-कार टीम का बहुत अधिक पैसा और चार महीने का समय बरबाद हुआ। बाद के विलंब से पैदा हुई कुंठा की बात ही छोड़िए। बाढ़ के झटके से सबक सीखने और चूक को स्वीकार करने की जरूरत थी। छोटी-कार टीम के लीडर गिरीश बाघ ने यही किया। अब पीछे हटने का सवाल नहीं था और समूची टीम फिर से काम में जुट गई। इसके बावजूद सिंगूर को लेकर आशंका बनी रही।

टाटा मोटर्स सिंगूर फैक्टरी को अपनी क्षमता, योग्यता, अपने मूल्यों और कामकाज की शैली का शोकेस बनाना चाहती थी। जैसाकि कंपनी के कॉरपोरेट कम्युनिकेशंस के मुखिया देबाशीष रे कहते हैं, पश्चिम बंगाल के लोगों, सरकारी

अधिकारियों और मीडिया को यह प्रत्यक्ष अनुभव करने की जरूरत थी कि टाटा मोटर्स के क्या मूल्य हैं और वह भारत में दूसरी जगहों पर अपने संयंत्र कैसे चलाती है। पश्चिम बंगाल सरकार की उद्योग एवं वाणिज्य समिति के सदस्यों और मीडिया को पुणे में लगभग 900 एकड़ जमीन पर फैला कंपनी का शानदार संयंत्र दिखाया गया।

रे कहते हैं, ''हम उन्हें दिखाना चाहते थे कि मोटरगाड़ी कारखाना कैसे काम करता है, हमारे क्रियाकलाप कितने बड़े हैं और कंपनी के रूप में हम इन क्रियाकलापों के भीतर तथा इर्द-गिर्द क्या करते हैं। एक पत्रकार ने जो कुछ देखा उससे बहुत प्रभावित हुआ, खासतौर पर सामुदायिक विकास की हमारी पहल से। वह मंत्रमुग्ध हो गया था।'' लेकिन यह भावना ममता बनर्जी तक नहीं पहुँची जो फिलहाल भारत की रेल मंत्री हैं और 2007 के शुरू में तृणमूल कांग्रेस की अध्यक्ष थीं।

सिंगूर और उसके इर्द-गिर्द के इलाकों में, तृणमूल कांग्रेस का बहुत प्रभाव है। इसके बावजूद, ज्यादातर स्थानीय निवासी, जिनकी जमीन अधिगृहीत की गई थी, टाटा मोटर्स की परियोजना के समर्थक थे। लेकिन सिंगूर में जिस तरीके से जमीन का अधिग्रहण किया गया था, उसके खिलाफ भीतर-ही-भीतर असंतोष की लहर चल रही थी।

फरवरी 2007 में परियोजना स्थल पर निर्माण का काम शुरू हुआ। इसी के साथ छिटपुट, अनियमित, कमजोर विरोध भी शुरू हो गया। लेकिन परियोजना की प्रगति के साथ विरोध ने उग्र रूप ले लिया। यहाँ शुरू में लगभग 800 पुलिसकर्मी तैनात थे जिनकी संख्या आने वाले दिनों में 1,200 से अधिक हो गई। इसके अतिरिक्त, रात में गश्त के लिए 300 स्थानीय सुरक्षाकर्मियों को रखा गया था। सुरक्षा की इस चाक-चौबंद व्यवस्था के कारण गड़बड़ी फैलाने वाले लोगों को दूर रहना चाहिए था, लेकिन सिंगूर का मामला मामूली नहीं था। परियोजना के खिलाफ विरोध की अगुआई करने वाले लोगों ने शुरू में ही हिंसा और धमकी को अपना हथियार बनाने का फैसला कर लिया था।

पुलिस ने 12 मार्च, 2007 को साइट की चहारदीवारी के पास रखे देसी बमों और जमीनी सुरंगों को निष्क्रिय कर दिया। लेकिन एक हफ्ते बाद, जब फैक्टरी की चहारदीवारी के पास बम विस्फोट हुए तो निर्माण कार्य में लगे श्रमिक आतंकित

हो गए। इसके बाद 20-25 आंदोलनकारियों ने चहारदीवारी को तोड़कर निर्माण मशीनरी में आग लगा दी। आंदोलनकारी दिन-ब-दिन उग्र होते गए और हिंसा बढ़ती गई। साइट पर काम करने वाले श्रमिकों को धमकाया गया, कइयों को पीटा गया और अन्य को भाग जाने के लिए कहा गया। दिसंबर 2007 में एक सुरक्षा चौकी को आग लगा दी गई। डंपरों को नष्ट कर दिया गया और इमारती सामग्री लोहे, तार तथा मशीन के पुर्जों की रोज चोरी होने लगी।

लेकिन सबसे बड़ी चिंता जीवन और अंग-भंग के खतरे को लेकर थी। राज्य सरकार के साथ संपर्क में रहने वाले टाटा मोटर्स के अमरजीत सिंह पुरी को स्थिति की गंभीरता का पता उस समय चला जब आंदोलनकारियों ने उनकी कार को घेर लिया। पुरी कहते हैं, ''मैं संयंत्र स्थल के भीतर कनाडाई वास्तु परामर्शदाताओं और एक सहकर्मी को विन्यास और कच्चा माल दिखा रहा था। अचानक ही भीड़ ने हमें घेर लिया और हमारी कार को पीटते हुए हमें वापस जाने को कहा। वे चिल्ला रहे थे कि हमें उनकी जमीन कभी नहीं मिलेगी। भीड़ में कोई 300 लोग थे। हम भयभीत हो गए। मैंने सबसे पहले कनाडाई नागरिकों को कार में बैठाया और फिर मेरा सहकर्मी तथा मैं बैठे। हमने उस स्थल से बाहर निकलने की कोशिश की। लेकिन सफल नहीं हुए। वे लोग कार की खिड़कियों, बोनेट और मध्य भाग पर प्रहार कर रहे थे। मुझे तुरंत कुछ-न-कुछ करना था। सो मैंने (पश्चिम बंगाल सरकार के) उद्योग सचिव को फोन किया। उन्होंने कहा कि वे हमें बाहर निकालने के लिए पुलिस भेजेंगे। इसी बीच, मैंने आंदोलनकारियों से बात करने की कोशिश की। लेकिन वे कुछ भी सुनना नहीं चाहते थे। पुलिस जब तक आती और हमें बचाती, वे चिल्लाते रहे। यह रोंगटे खड़े कर देने वाला अनुभव था।''

ऐसी बात नहीं थी कि सिंगूर के सभी लोग टाटा मोटर्स के विरोध में थे। पुरी और कार में बैठे अन्य लोगों ने बाद में उसी दिन प्रखंड विकास अधिकारी से भेंट की। वहाँ लोगों ने उनका स्वागत गुलदस्तों से किया और कहा कि टाटा के आने से सिंगूर का कायापलट हो जाएगा। ''लेकिन हम नहीं जानते थे कि गाँवों के भीतर वास्तविक स्थिति क्या है। फिर हमारी गाड़ी को घेरने और पीटने की घटना हो गई थी। इससे हमारी आँखें खुल गई थीं। मेरे कहने का अर्थ यह है कि हमने दोस्ताना और सद्भावपूर्ण माहौल में काम करने की उम्मीद की थी। हम ऐसी जगह नहीं

रहना चाहते थे जहाँ हर वक्त पुलिस की सुरक्षा लेनी पड़े। मैं एक बार बिना किसी को बताए या साथ लिए पैदल ही निकल पड़ा था। इस पर पुलिस प्रमुख ने मुझे खूब सुनाई, मानो मैंने कोई गलती की हो और मुझे माफी माँगनी चाहिए।''

मार्च 2007 और अगस्त 2008 के बीच, आंदोलनकारियों ने 12 बार सिंगूर बंद करवाया। परियोजना के आधारतंत्र का विकास करनेवाले शपूरजी पालोनजी एंड कंपनी में काम करने वाले एक इंजीनियर पर हमला किया गया। साइट पर काम करने वाले श्रमिकों को भी भाग जाने के लिए धमकाया गया। कई भाग भी गए। टाटा मोटर्स और उसके ठेकेदारों को दूसरे श्रमिक खोजे नहीं मिल रहे थे। मानो इतना ही काफी नहीं था। दूसरे मोर्चों पर भी संकट शुरू हो गया; संयंत्र-स्थल के भीतर बसी कुछ बस्तियों को हटाना मुश्किल हो गया, परियोजना के लिए सामग्री सप्लाई करने वाले एक सिंडिकेट ने समस्याएँ खड़ी करनी शुरू कर दीं, और कस्टम्स के लोगों द्वारा कागजी कार्रवाई में विलंब किए जाने से फैक्टरी की पेंट एवं प्रेस शालाओं के पूर्व-निर्मित ढांचे का काम रोक दिया गया।

फरवरी 2008 में स्थिति उस समय बदतर हो गई जब पुलिस ने हिंसा भड़कने के बाद कुछ आंदोलनकारियों को पीटा और ममता बनर्जी तथा उनके समर्थकों को गिरफ्तार कर लिया। इससे अशांति की नई चिंगारी फूट पड़ी। पश्चिम बंगाल की फिजा में पहले से तारी गुस्सा उस समय और अधिक भड़क उठा जब मिदनापुर जिले के एक ग्रामीण इलाके नंदीग्राम में प्रस्तावित विशेष आर्थिक जोन का विरोध करने वाले 14 लोग पुलिस फायरिंग में मारे गए।

मितभाषी गिरीश वाघ अशांति के उन दिनों को याद करके अब भी परेशान हो जाते हैं। वह कहते हैं, ''मेरे विचार से ग्रामीण यह मान बैठे थे कि प्लांट लगकर रहेगा। लेकिन फरवरी की घटना के बाद स्थिति बदल गई।'' वाघ, उनकी टीम के सदस्य और परियोजना से जुड़ा हर व्यक्ति अब पुलिस संरक्षण में ही साइट पर घूम सकता था। ''स्थिति सामान्य से कोसों दूर थी। धमकियों, हमलों आदि के कारण हम काम नहीं कर सकते थे।''

किसी बाहरी व्यक्ति के लिए यह आश्चर्य की बात लग सकती है कि इतने सारे संकट के बावजूद नैनो परियोजना की टीम सिंगूर प्लांट को 2008 तक प्रोडक्शन के लिए तैयार करना चाहती थी। लेकिन वे नहीं जानते थे कि ममता बनर्जी

परियोजना को उखाड़ फेंकने के लिए कटिबद्ध हैं। अगस्त 2008 में बनर्जी ने धरना शुरू कर दिया जिसे तोड़ने के लिए पुलिस और राज्य प्रशासन की अन्य एजेंसियों ने पूरा प्रयास किया। लेकिन नंदीग्राम और फरवरी की घटना से उनका रवैया नरम पड़ गया था। इससे आंदोलनकारियों का साहस और अधिक बढ़ गया।

वाघ कहते हैं, ''हमारे लोग, हमारे ठेकेदार और हमारे विक्रेता हमेशा भयभीत रहते थे। मैं रोज दो घंटे ठेके के उन मजदूरों की बातें सुनने में खर्च करता था, जिन्हें धमकाया या पीटा जाता था। इससे काम प्रभावित हो रहा था। इस बीच, सत्तारूढ़ पार्टी के स्थानीय नेता हमसे कहते थे कि चिंता की कोई बात नहीं, नए मजदूर मिल जाएँगे। मैं हर व्यक्ति से कहता रहा कि हम कोई गलत काम नहीं कर रहे हैं, कि संकट और आंदोलन खत्म हो जाएगा, और कि एक बार प्लांट शुरू हो जाने पर सिंगूर और समूचे क्षेत्र के लोग इसके फायदे देखेंगे। इस तरह, हम अपने मनोबल को ऊँचा रखते थे, वरना हमारे लोग टूट जाते।''

ममता बनर्जी के पास संदेश भिजवाया गया कि आमने-सामने बैठकर समस्या का कोई हल निकाला जाए। लेकिन ऐसा नहीं हो सका। अगस्त में शुरू हुए धरने से संकट बहुत बढ़ गया। आंदोलनकारियों ने सिंगूर प्लांट के सामने राष्ट्रीय राजमार्ग को अवरुद्ध कर दिया और हर किसी को प्लांट के संपर्क मार्ग का इस्तेमाल करने से रोक दिया। साइट पर रहने की व्यवस्था नहीं थी। इसका अर्थ यह था कि लोगों को जहाँ रखा गया था, वहीं से रोज आना था। फैक्टरी के मुख्य दरवाजे बंद होने और आंदोलनकारियों द्वारा संपर्क मार्गों को अवरुद्ध किए जाने से टाटा मोटर्स के कर्मचारियों, ठेकेदारों, सप्लायरों, विदेशी परामर्शदाताओं और मजदूरों को काम पर पहुँचने में भारी मशक्कत करनी पड़ती थी।

इन लोगों को घुमावदार रास्ते से पुलिस संरक्षण में आना और हमेशा सतर्क रहना पड़ता था। आने-जाने में कुल दस घंटे लगते थे। वाघ कहते हैं, ''इनमें से कुछ लोग अपने रहने की जगह पर रात 2 बजे से पहले नहीं पहुँचते थे। फिर वे अगली सुबह 7 बजे फैक्टरी के लिए रवाना हो जाते थे। आंदोलनकारियों को जब घुमावदार रास्ते का पता चला तो उन्होंने उसे भी बंद कर दिया। उन्हें इस रास्ते की जानकारी एक टेलीविजन चैनल से मिली थी।

एक रिपोर्टर और एक कैमरामैन रोज ट्रिप लगाने वाले 50 से अधिक वाहनों

में से एक में बैठ गए थे। उन्होंने एक स्टोरी गढ़ी कि टाटा मोटर्स और उसके लोग किस तरह रतन टाटा के ड्रीम प्रोजेक्ट को मूर्त रूप देने के लिए बलिदान और संघर्ष कर रहे हैं। वाघ कहते हैं, ''मेरे विचार से आंदोलनकारियों का गुस्सा इससे और अधिक भड़क उठा। उस शाम जब वाहनों का पहला दस्ता हमारे लिए खुले एकमात्र गेट से निकलने लगा तो आंदोलनकारियों की एक भीड़ ने उसे रोक दिया। एक वाहन तो निकलने में सफल रहा, लेकिन बाकी तीन फँस गए। आंदोलनकारियों ने उन पर पत्थर बरसाना शुरू कर दिया। फिर वे उनमें सवार होकर लोगों के पैर पकड़ने लगे और उन्हें अगले दिन काम पर आने से मना करने लगे। टाटा मोटर्स के लोग आतंकित हो उठे।

वाघ कहते हैं, ''मैं उस समय एकशाला में था जब किसी ने मुझे फोनकर स्थिति बताई। मेरे एक सहकर्मी ने गेट पर जाने और समस्या देखने की बात कही। वह गेट पर गया और वहाँ की स्थिति देखकर सन्न रह गया। उसने मुझसे फोन पर कहा, 'गिरीश मामला गंभीर है।' फिर उसने भीड़ का सामना कर रहे एक अन्य इंजीनियर को फोन दे दिया। वह युवा इंजीनियर रो पड़ा। उसने मुझसे कहा, 'हमने कौन सा गलत काम किया है कि हमारे साथ इस तरह का सुलूक हो रहा है।' ऐसी भयावह स्थिति थी।'' किसी चीज ने भीतर से वाघ को जकड़ लिया था। इस टीम लीडर ने एक ऐसे माहौल में अपने लोगों और अपनी परियोजना को बहुत नुकसान उठाते देखा था जिसे अवसरवाद और टकराव की राजनीति ने विषाक्त बना दिया था।

वाघ कहते हैं, ''गेट पर जाकर मैंने पुलिस अधिकारियों और अन्य लोगों से बात की। हम दो घंटे से अधिक समय तक समझौते की बातचीत करते रहे। प्रदर्शनकारी कोई बात मानने के लिए तैयार नहीं थे और पुलिस उन पर बल प्रयोग के लिए अनिच्छुक थी। तनावपूर्ण माहौल को देखते हुए पुलिस का यह रवैया सही भी था। फिर मूसलाधार बारिश होने लगी और आंदोलनकारी भागकर बचने की जगह ढूँढ़ने लगे। पुलिस ने हमें बुलाया और कहा कि हमारी कारों तथा बसों के रवाना होने का यह सही मौका है। हम यही करने जा रहे थे कि एक जापानी नागरिक, जो 35 विदेशी परामर्शदाताओं में से एक था, उत्तेजित हो गया। उसने चिल्लाते हुए कहा, 'मुझे टाटा मोटर्स की कार नहीं चाहिए। मैं पैदल जाऊँगा।'

उसकी बात से हम आतंकित हो उठे।''

धरना सोमवार 18 अगस्त को शुरू हुआ था और आज शुक्रवार की रात थी। वाघ कहते हैं, ''मैंने फैसला किया कि शनिवार 23 अगस्त से हम काम पर नहीं आएँगे। हम उन परिस्थितियों में काम जारी नहीं रख सकते थे। मैंने रविकांत (टाटा मोटर्स के तत्कालीन प्रबंध निदेशक) को फोन किया और उन्हें अपने फैसले के बारे में बताया। उन्होंने हमारे फैसले का समर्थन किया।'' इसके दस दिन पहले वाघ ने पुणे में रतन टाटा से मुलाकात की थी। चेयरमैन ने उनसे कहा था कि हमारे लोगों की सुरक्षा और भलाई सर्वोपरि है। आखिरी पासा फेंका जा चुका था। अब पीछे हटने का सवाल नहीं था।

लेकिन सवाल यह था कि जब साइट पर किसी को जाने नहीं दिया जा रहा है तो लोगों को काम पर कहाँ लगाया जाए। वाघ कहते हैं, ''हमारी नींद हराम हो गई थी। हमने बहुत प्रयासों के बाद अपनी टीम बनाई थी और हम अपने लोगों को खोना नहीं चाहते थे। लेकिन टीम के सभी सदस्यों को इस बात का श्रेय दिया जाना चाहिए कि वे अपने होटल रूम और गेस्ट हाउस से काम करते रहे। मैं एक जगह से दूसरी जगह जाता, उनसे मुलाकात करता, उनके बीच समन्वय बिठाता, और जो भी काम संभव था, करवाता।'' अगले छह-सात हफ्तों तक ऐसा ही चलता रहा। दूसरी तरफ, परदे के पीछे स्थिति को सँभालने की कोशिश होती रही।

लेकिन टाटा मोटर्स को सफलता नहीं मिली। वाघ कहते हैं, ''हमने 23 अगस्त को प्लांट पर काम बंद कर दिया। हम स्थिति सुधरने की उम्मीद में अक्तूबर तक इंतजार करते रहे।'' हालाँकि कंपनी ने इस दिशा में पुरजोर कोशिश की, लेकिन स्थिति नहीं सुधरी। पश्चिम बंगाल की राजनीति सफलता के रास्ते में रोड़ा बनी हुई थी। सेना के सेवानिवृत्त कर्नल सुनीरमल पात्रा, जिनके जिम्मे संयंत्र स्थल पर सुरक्षा और प्रशासनिक मामलों को देखने अत्यंत दुष्कर काम था, कहते हैं, ''सिंगूर संकट का विश्लेषण उसके पीछे की राजनीति को समझे बिना नहीं किया जा सकता। राज्य भर से आए आंदोलनकारियों को योजनाबद्ध तरीके से लामबंद किया गया था। स्थानीय लोगों की संख्या नगण्य थी। जाहिर है, आंदोलनकारी नेताओं का संभार तंत्र और योजना बहुत अच्छी थी।''

पात्रा आंदोलनकारियों के कोपभाजन बननेवालों में एक थे। घटना जनवरी

2008 की है जब संयंत्र स्थल पर अतिरिक्त सुरक्षा मुहैया कराने के लिए राज्य सरकार द्वारा तैनात 139 लोगों को हटा दिया गया। ये लोग कम्युनिस्ट समर्थक थे, इसलिए इन्हें अपने को हटाया जाना अच्छा नहीं लगा। पात्रा कहते हैं, "वे लोग फैक्टरी के भीतर जमा हो गए और स्थिति बदलने लगी। मैं और एक सुरक्षा सहकर्मी देखने गए कि मामला क्या है। वहाँ करीब 40 लोग थे। उनके हाथ में लोहे के छड़, डंडे और देसी बम थे। वे हमारी तरफ तेजी से बढ़े। पहले तो मैंने सोचा कि भाग जाऊँ, लेकिन मैं खड़ा रहा। शायद यह सैन्य प्रशिक्षण का प्रभाव था। हमने उनसे बात की, उन्हें स्थिति के बारे में बताया और छड़ तथा डंडे नीचे हो गए। स्थिति सचमुच गंभीर थी।"

इस तरह की यह कोई अकेली घटना नहीं थी। मजदूरों और अन्य कंस्ट्रक्शन वर्करों को भी आंदोलनकारियों का कोपभाजन बनना पड़ा था। पात्रा कहते हैं, "इनमें से ज्यादातर श्रमिकों को किसी-न-किसी समय धमकाया या पीटा गया था। इन्हें लोकल ट्रेन से सिंगूर आना पड़ता था। इसलिए वे आंदोलनकारियों से बच नहीं सकते थे। उनके घरों पर देसी बम भी फेंके गए थे।" परियोजना के समर्थन में स्थानीय स्तर पर बनाई गई 'नैनो बचाओ कमेटी' को सबसे अधिक क्षति हुई। "कमेटी के सदस्यों और आंदोलनकारियों के बीच भयंकर झड़प हो गई। इसके बाद कमेटी खत्म हो गई। आंदोलनकारियों के पास सभी तरह के हथियार थे। झड़प में एक आदमी की टाँग टूट गई और कई अन्य लहुलुहान हो गए।"

पात्रा का अब भी मानना है कि ज्यादातर स्थानीय निवासी परियोजना के पक्ष में थे। "हमसे कई ग्रामीणों ने कहा कि वे नहीं समझ पा रहे हैं कि टाटा मोटर्स क्यों और कैसे सिंगूर से हटने के बारे में सोच सकती है। तो इस तरह की भावना थी। वे सोच रहे थे कि फैक्टरी चालू करने के लिए टाटा मोटर्स के पास कोई वैकल्पिक योजना होगी। लेकिन हमारे पास ऐसी कोई योजना नहीं थी। यह राजनीति का खेल था जिसने एक आदर्श परियोजना को बुरी स्थिति में पहुँचा दिया था। इससे परियोजना में शामिल सभी लोगों को नुकसान होना था।"

रतन टाटा ने दिसंबर 2006 में एक टेलीविजन समाचार चैनल पर साक्षात्कार में संकेत दिया था कि सिंगूर परियोजना को पटरी से उतारने की कोशिश के पीछे राजनीति के अलावा और भी कई चीजें हैं। उन्होंने कहा, "यह महज राजनीति का

मामला नहीं है, क्योंकि मैं जानता हूँ कि हमारे कुछ प्रतिद्वंद्वी भी आग में घी डालने का काम कर रहे हैं। परियोजना में विलंब होने से उन्हें बहुत खुशी होगी। यदि मुझे लगेगा कि हम कोई चीज गलत कर रहे थे तो परियोजना से पीछे हटने वाला मैं पहला व्यक्ति होऊँगा। यदि मुझे लगेगा कि इसमें साजिश की जा रही है और इसके पीछे कोई बड़ा स्वार्थ है तो मैं तनकर खड़ा हो जाऊँगा—या तो मेरी कनपटी पर बंदूक रखकर ट्रिगर दबा दीजिए या फिर बंदूक हटा लीजिए। मैं अपना सिर नहीं हटाऊँगा।''

लेकिन टाटा मोटर्स के दृढ़ निश्चयी चेयरमैन केवल इतना ही कर सकते थे। रतन टाटा ने 3 अक्तूबर, 2008 की बरसाती शाम को कोलकाता में जल्दबाजी में बुलाई गई प्रेस कॉन्फ्रेंस में ऐलान किया कि नैनो परियोजना को सिंगूर और पश्चिम बंगाल से बाहर ले जाया जाएगा। टाटा मोटर्स के कम्युनिकेशंस प्रमुख देबाशीष रे के दिमाग में उस दिन की याद बनी हुई है। ''प्रेस कॉन्फ्रेंस में मौजूद ज्यादातर पत्रकार कट्टर किस्म के थे। मैंने वहाँ कुछ अवांछित लोगों को भी देखा।''

उसी दिन रतन टाटा और रविकांत खुले दिमाग से कोलकाता गए थे। उन्हें अब भी विश्वास था कि सिंगूर संकट का कोई-न-कोई ऐसा हल निकल आएगा जो सभी पक्षों को मान्य होगा। वहाँ राज्य सरकार के अधिकारियों के साथ अंतिम चर्चा हुई। लेकिन कोई नतीजा नहीं निकला। सिंगूर बलि का बकरा बन गया और टाटा मोटर्स को—18 महीनों के अनवरत प्रयास, 15 अरब रुपयों के खर्च और असंख्य समस्याओं के बाद—सारा नुकसान उठाने के लिए छोड़ दिया गया।

सिंगूर की स्थिति जब बिगड़नी शुरू हुई तभी नैनो विकास टीम ने बुरे दिनों के लिए तैयारी प्रारंभ कर दी थी। दिसंबर 2007 तक, गिरीश वाघ ने आसन्न संकट को भाँप लिया था और वैकल्पिक व्यवस्था पर काम करना शुरू कर दिया था। उत्तराखंड और पुणे, जहाँ टाटा मोटर्स की फैक्टरियाँ चल रही थीं, के नामों पर विचार किया गया। फैसला किया गया कि इंजन पुणे में बनेगा और अंतिम संयोजन सहित कार के बाकी हिस्से पर उत्तराखंड में काम होगा। लेकिन 3 अक्तूबर की घोषणा के आलोक में एक गंभीर सवाल का जवाब ढूँढ़ने की जरूरत थी: नैनो के लिए आनन-फानन में कहाँ नई जगह मिल सकती है?

वाघ कहते हैं, ''हमने सिंगूर से हटने की घोषणा के एक महीना पहले से ही वैकल्पिक जगह की तलाश शुरू कर दी थी, लेकिन गंभीरता से नहीं। हममें से ज्यादातर लोगों को अब भी विश्वास था कि हम सिंगूर में रहेंगे, क्योंकि हमारा कारखाना लगभग चालू हो गया था। हम और कोई बात सोचने के लिए तैयार नहीं थे।'' लेकिन उन्हें जल्दी ही अपना विचार बदलना पड़ा। अमरजीत सिंह पुरी कहते हैं, ''श्री टाटा की घोषणा के तुरंत बाद हमारे पास विभिन्न राज्यों से फोन आने शुरू हो गए। उस समय श्री टाटा ने कोलकाता छोड़ा भी नहीं था। महाराष्ट्र, गुजरात, आंध्र प्रदेश और कर्नाटक ने खुशी-खुशी हमें जमीन देने की पेशकश की।''

प्रबंध निदेशक रविकांत और वाघ तथा पुरी सहित टाटा मोटर्स के वरिष्ठ लोगों की एक छोटी टीम के लिए अगले चार दिन अफरा-तफरी वाले रहे। उन्हें तुरंत फैसला लेने को कहा गया। आमतौर पर इस तरह के फैसले लेने में महीनों लगते हैं। पुरी कहते हैं, ''हम हवाई जहाज से इधर-उधर दौड़ रहे थे। एक राज्य में आधा दिन बैठकें करने के बाद हम तुरंत दूसरे राज्य में भागते। यह चुनौतीपूर्ण था, रोमांचक था और हम अपनी उम्मीदों के बारे में किसी को भ्रम में नहीं रखते थे।''

नैनो प्लांट के लिए सिंगूर के चयन के पहले, कर्नाटक में धारवाड़ पर भी विचार किया गया था। अब वही धारवाड़ एक बार फिर तसवीर में आया। लेकिन इलाका ऊबड़-खाबड़ होने के कारण उसे खारिज कर दिया गया। दूसरी जगहों का भी मूल्यांकन किया गया। लेकिन इनमें से कोई भी जगह गुजरात के साणंद जितनी उपयुक्त नहीं थी। अहमदाबाद से साणंद कार से महज दो घंटे में पहुँचा जा सकता था। इसके अतिरिक्त, यहाँ की प्रकृति और राजनीतिक संस्कृति सिंगूर से बिलकुल भिन्न थी। साणंद का सबसे बड़ा फायदा तो यह था कि यहाँ मिलने वाली लगभग 1,100 एकड़ जमीन एक ही पट्टी में आती थी। जमीन के बारे में फैसला हो जाने पर काम तेजी से आगे बढ़ा। कोलकाता के उस काले दिन के महज 96 घंटे बाद 7 अक्तूबर तक सौदा हो गया।

पुरी कहते हैं, ''चीजें अभूतपूर्व रफ्तार से आगे बढ़ीं। नरेंद्र मोदी (गुजरात के मुख्यमंत्री) राज्य को उसी तरह चलाते हैं जिस तरह कोई प्रोफेशनल चीफ एक्जीक्यूटिव कंपनी चलाता है। उनकी सहमति मिलते ही राज्य प्रशासन का हर व्यक्ति तत्परता

से काम में जुट गया। मोदी ने हमसे कहा, 'यह केवल आपकी नहीं, हमारी भी परियोजना है।' इस सारी प्रक्रिया से लगा कि भारत में ऐसी भी सरकारें हैं जो काम करने में विश्वास करती हैं, जो बिजनेस को बढ़ावा देती हैं। हम परियोजना को ऐसी जगह ले जाना चाहते थे जहाँ उसका स्वागत हो। हम इस तरह की भावना नहीं चाहते थे कि हमें आश्रय दिया जा रहा है, कि हम शरणार्थी हैं।''

राजनीतिक माहौल की बात छोड़िए, टाटा मोटर्स के लिए साणंद में कारखाना स्थल के दूसरे सकारात्मक पहलू भी थे। जमीन अपेक्षाकृत कड़ी थी, मिट्टी फैक्टरी लगाने के लिए उपयुक्त थी, संपत्ति को बाढ़ का खतरा नहीं था और राजमार्ग 500 मीटर दूर था। राजमार्ग के दूर होने से यहाँ किसी तरह की गड़बड़ी की आशंका नहीं थी। फिर जमीन भी तुरंत मिल रही थी।

वाघ कहते हैं, ''सिंगूर से सबक लेकर हमने नई जगह चुनते हुए राज्य के राजनीतिक माहौल पर गंभीरता से ध्यान दिया। हमने उद्योग, उद्यमशीलता संबंधी मानस पर भी विचार किया।'' गुजरात में अंतर यह था कि यहाँ द्विपक्षीय मामला था, समूचे राज्य को फायदा पहुँचाने वाले अहम मुद्दों पर मतैक्य था। यहाँ किसी पार्टी विशेष का पक्ष लेने जैसी बात नहीं थी। कांत कहते हैं, ''दोनों राज्यों की शासन व्यवस्था में यही अंतर है। गुजरात, महाराष्ट्र और अन्य जगहों पर जब भी कोई बड़ी परियोजना आती है तो राजनीतिक विचार एक हो जाते हैं। लेकिन पश्चिम बंगाल के मामले में ऐसा नहीं है।''

साणंद में छोटी-कार टीम को अब नए सिरे से सारा काम करना था। टाटा मोटर्स ने 5 नवंबर, 2008 को साणंद में जमीन का कब्जा ले लिया और एक दिन बाद कार मैन्युफैक्चरिंग फैक्टरी खड़ी करने का विशाल काम शुरू कर दिया। जमीन के सर्वेक्षण और मास्टर प्लान को अंतिम रूप दिया गया। मास्टर प्लान में बहुत कुछ सिंगूर की ड्राइंग्स से लिया गया। सिंगूर में उत्पादन और आयोजन से मिला सबक मददगार साबित हुआ और नई फैक्टरी का निर्माण कार्य तेजी से आगे बढ़ने लगा।

नैनो प्रोजेक्ट की मैन्युफैक्चरिंग प्लानिंग टीम के प्रमुख प्रियदर्शन क्षीरसागर कहते हैं, ''सिंगूर में हमें बहुत कुछ सीखने को मिला। हालाँकि यह स्वीकार करना मुश्किल है, लेकिन हमने ऑपरेशनल प्रकृति की कुछ भूलें की थीं। साणंद में हमने पहले दिन से ही ध्यान रखा कि सिंगूर की गलतियाँ न हों और काम सही तरीके

से हो।'' विकास टीम को मिले दूसरे अवसर का अर्थ यह था कि सिंगूर की तरह यहाँ कोई चीज बरबाद न हो। वाघ कहते हैं, ''हमने हर काम की सूची बनाई, ताकि किसी तरह का कोई नुकसान न हो। हमने देखा कि सिंगूर में जो गलतियाँ हुई थीं, उन्हें यहाँ ठीक किया जा सकता है। मसलन, सिंगूर में कुछ स्थानों पर जमीन की ऊँचाई इतनी कम थी कि ऑपरेटर वहाँ काम नहीं कर सकते थे। हमने साणंद में जरूरी सुधार किए।''

टाटा मोटर्स के साथ सिंगूर गए 50 से अधिक विक्रेताओं तथा आपूर्तिकर्ताओं से निपटना, उन्हें यकीन दिलाना और उनकी क्षतिपूर्ति करना एक अलग मुद्दा था। उन्हें उतना नुकसान नहीं हुआ था जितना कि टाटा मोटर्स को। लेकिन इस बात में कोई संदेह नहीं कि सिंगूर प्रकरण से उन्हें जबरदस्त झटका लगा था। इससे भी बदतर बात यह कि यह सब ऐसे समय में हुआ था जब वैश्विक आर्थिक मंदी की सबसे अधिक मार मोटरगाड़ी कलपुर्जे निर्माताओं पर पड़ी थी। फिर, बड़े पैमाने पर नैनो का निर्माण भी संभव नहीं हो पा रहा था। टाटा मोटर्स ने अपने विक्रेताओं की क्षतिपूर्ति के लिए वित्तीय पैकेज बनाए। लेकिन विक्रेताओं को जिन संकटों से गुजरना था, इन पैकेजों से उनकी क्षतिपूर्ति नहीं हो सकती थी।

वाघ कहते हैं, ''हम अपने विक्रेताओं को मुसीबत से निकालना चाहते थे। हम चाहते थे कि हममें उनका भरोसा बहाल रहे। हम महज कार लॉन्च करने के बारे में नहीं सोच रहे थे। हमें कार में और अधिक सुधार लाने, लागत में अधिकतम कटौती सुनिश्चित करने और नए परिवर्ती बनाने की जरूरत थी। अभी भी बहुत सारा काम करना है और हमारे वेंडर नैनो परियोजना के लिए अपरिहार्य हैं।'' टाटा मोटर्स को मशीनरी और उपस्कर आपूर्ति करनेवालों से भी सहयोग मिला है, खास तौर पर सिंगूर से हटने के बाद मशीनों को खोलने और उन्हें दोबारा लगाने में।

सहयोगियों का तीसरा सेट खान-पान, परिवहन आदि जैसी सेवा मुहैया कराने वालों का था। वाघ कहते हैं, ''खान-पान ठेकेदार ने पहले 10-20 लोगों के लिए खाना बनाना शुरू किया। फिर यह संख्या 600 और कुछ दिनों बाद 1,300 तक पहुँच गई। काम के जोर पकड़ने पर यह 2,000 को पार कर गई। इसके बाद एक ऐसा समय आया जब हममें से केवल पाँच लोग खाने वाले बच गए। आप कल्पना कर सकते हैं कि उस ठेकेदार को कितना निवेश करना पड़ा होगा। लेकिन सिंगूर

संकट के कारण उसका निवेश पानी में जा रहा था।'' गनीमत थी कि सिंगूर प्लांट की अवसंरचना नहीं ढह रही थी। उसे बहुत सावधानी से टुकड़े-टुकड़े अलग करना था। यह एक ऐसा काम था, जिसकी मिसाल मैन्युफैक्चरिंग की दुनिया में नहीं मिलती।

संयंत्र को खोलने, हजारों पुर्जों को पैक करने और उन्हें 3,000 से अधिक ट्रेलर-ट्रकों में भरकर कोई 2,100 किलोमीटर दूर दूसरे छोर पर ले जाने का काम बहुत दु:खद था। टाटा मोटर्स ने यह काम 2008 के उत्तरार्द्ध में चार महीने में पूरा कर लिया। सबसे दुख:द बात यह थी कि सिंगूर में एक भी नैनो का प्रोडक्शन नहीं हुआ और सारी मशीनरी उखाड़नी पड़ी।

प्लांट को खोलने, उसे नई जगह ले जाने और स्थापित करने की जिम्मेदारी निर्माण प्रमुख रमेश विश्वकर्मा की थी। विश्वकर्मा अनुभवी इंजीनियर थे। उन्होंने 1979 में प्रशिक्षु के तौर पर टाटा मोटर्स में नौकरी शुरू की थी। पाँच साल बाद वह टाटा मोटर्स छोड़कर इंडोनेशिया चले गए। सन् 2008 के शुरू में भारत लौटने पर उन्होंने फिर टाटा मोटर्स में नौकरी कर ली। वह कहते हैं, ''सच पूछें तो यह उबाऊ काम था। उस समय चुनौती यह थी कि मशीनरी की गुणवत्ता को बनाए रखते हुए उसे शीघ्रातिशीघ्र खोलना। हमारे पास नई मशीनें थीं और उन्हें साणंद पहुँचने तक नई बने रहना था।'' मशीनों को साणंद ले जाने की योजना पुणे में बनाई गई थी। इसमें 20 से अधिक दिन लग गए थे। विश्वकर्मा कहते हैं, ''हमने मशीन निर्माताओं से बातचीत की, मोरचा रोकने के उपाय किए और प्लांट खोलने की प्रक्रिया तय की।''

विश्वकर्मा की टीम ने किस तरह काम को अंजाम दिया, उसके बारे में वह ईमानदारी और कर्मठता जैसे शब्दों का इस्तेमाल करते हैं। ''पुर्जों को निकालकर नीचे रखा जाता था, उन पर परची लगाकर उनके फोटो लिये जाते थे, फिर उन्हें पैक किया जाता था और फिर समुचित तरीके से ट्रकों पर लादा जाता था। जिस तरह से हमने काम किया, हमें कोई भी पुर्जा खोजने में मुश्किल नहीं होनी थी। हमने बहुत सावधानी से ट्रकों के जाने का मार्ग चुना। हमारी व्यवस्था चाक-चौबंद थी। हमने इस बात का पूरा ध्यान रखा कि कोई भी पुर्जा क्षतिग्रस्त न हो।''

साणंद से लगभग 20 किलोमीटर दूर 35 एकड़ में एक भंडार क्षेत्र बनाया

गया था। यहाँ ट्रकों को आकर माल उतारना था। मार्च 2009 में स्थानांतरण का काम शुरू हुआ। टीम ने दो मार्गों पर विचार किया और फिर स्वर्णिम चतुर्भुज को चुना, जो पश्चिम बंगाल, झारखंड, बिहार, उत्तर प्रदेश और राजस्थान होते हुए गुजरात जाता था। यह 2,100 किलोमीटर से अधिक का लंबा मार्ग था, लेकिन वह मार्ग बेहतर थी। विश्वकर्मा कहते हैं, ''हम खुश किस्मत थे कि हमारे साथ कोई दुर्घटना नहीं हुई।''

सिंगूर से हटने का अंतिम फैसला लेने से पूर्व जिस पहले खेप को पहले ले जाना तय हुआ था, वह इंजन मैन्युफैक्चरिंग मशीनरी और अवसंरचना थी। इस लॉट को पुणे भेजने का काम अगस्त 2008 में प्रारंभ हुआ, ताकि साणंद में फैक्टरी लगने तक वहाँ प्रोडक्शन का काम शुरू सके। नववर्ष तक पुणे में नैनो के इंजनों का निर्माण होने लगा और अगस्त 2009 तक कोई 200 इंजन बनकर तैयार हो गए। छोटी-कार परियोजना के पॉवर ट्रेन विशेषज्ञ संजय सबलोक कहते हैं, ''हमने अस्थायी व्यवस्था के रूप में पुणे को इसलिए चुना कि यहाँ कार के सबसे महत्त्वपूर्ण हिस्से इंजन के निर्माण पर बेहतर नियंत्रण और निगरानी रखी जा सकती थी।

उपयोगी अवसंरचना—मसलन, ट्रांसफार्मर, कॉम्प्रेसर, पॉवर पैनल, इलेक्ट्रिक केबल आदि—साणंद में अन्य माल और उपस्कर से पहले पहुँच गए। इस बीच जयदीप देसाई और मैन्युफैक्चरिंग तथा प्लानिंग ग्रुप के उनके सहयोगी सिंगूर में प्लांट शॉप को बंद करने के लिए अतिरिक्त समय तक काम कर रहे थे। यह बहुत जटिल काम था। देसाई कहते हैं, ''बिना संसाधित किए पेंट और रसायनों को रखना पर्यावरण की दृष्टि से घातक होता है। हमें पेंट को सुरक्षित रखना था, जिसका अर्थ है सुरक्षित जगह पर पहुँचने तक उसे प्रतिदिन तीन-चार घंटे तक निरंतर संचरण में रखना। इसके बिना पेंट खराब हो जाता। समूची पेंट शॉप को सिंगूर से लखनऊ ले जाने से पहले हमने यह काम चार महीने तक किया। फिर लखनऊ गए, जहाँ जरूरत आन पड़ी थी।''

देसाई और उनकी टीम के प्रयासों से टाटा मोटर्स के करीब 50 लाख रुपए बच गए, लेकिन एक मुश्किल काम पेंट को सुरक्षित रखने में बरबाद हुए रसायनों से छुटकारा पाना था। ''हमने अपने आपूर्तिकर्ताओं और राज्य सरकार की पर्यावरणीय एजेंसियों की मदद से रसायनों को निष्क्रिय कर दिया।'' पेंट शॉप की कहानी सिंगूर

में हुए नुकसान की एक झलक देती है। एक विशिष्ट पेंट शॉप को, जहाँ एक दिन में 1,200 कारों के ढाँचों पर काम हो सकता है, स्थापित करने में 30 महीने लगते हैं और इस पर 3 अरब रुपए तक की लागत आ सकती है। नैनो की टीम ने अथक प्रयास करते हुए महज आठ महीने और 50 करोड़ रुपए से कम लागत में सिंगूर पेंट शॉप को स्थापित कर दिया था। हाँ, इस पेंट शॉप में रोजाना लगभग 250 कारों के ढाँचों पर काम हो सकता था। प्लानिंग इंजीनियर अतुल वैद्य कहते हैं, ''शॉप को तोड़ने से पहले हमने केवल छह ढांचों को पेंट किया था।''

मई के अंत तक सिंगूर में पुर्जों को खोलने और उन्हें ट्रकों पर लादने का काम पूरा हो चुका था। अब साणंद में फैक्टरी लगाने के काम को आगे बढ़ाया जा सकता था। टाटा मोटर्स को रिलोकेशन में मदद के लिए परामर्शदाताओं और अन्य बाहरी व्यक्तियों को लाने की जरूरत नहीं पड़ी। विश्वकर्मा कहते हैं, ''यह हमारे लिए ब्लैक बॉक्स जैसा था, हमें ठीक-ठीक नहीं मालूम था कि हमें क्या करना है और कैसे करना है। लेकिन हम इस स्थिति से निकलने में सफल रहे। हमारे पास एक रणनीति और एक दर्शन था। हमने परिवहन लागत कम कराने के लिए आक्रामक रवैया अपनाया, हमने उस हर चीज पर विस्तार से विचार किया जो गलत हो सकती थी और हमने हर नट-बोल्ट का हिसाब रखा।'' सिंगूर में पुर्जे खोलने की प्रक्रिया के दौरान केवल एक फोर्कलिफ्ट को नुकसान पहुँचा। इसके अलावा और कोई नुकसान नहीं हुआ, बिलकुल नहीं।''

अगस्त 2009 तक, रिइंस्टालेशन का लगभग 70 प्रतिशत काम पूरा हो गया। नवंबर तक आरंभिक उत्पादन शुरू होने के लिए तैयार था। फरवरी 2010 तक, पहली नैनो साणंद फैक्टरी से बाहर आने के लिए तैयार खड़ी थी। विश्वकर्मा कहते हैं, ''हमें शिफ्टिंग और रिइंस्टालिंग के दौरान अनूठा अनुभव हुआ, लेकिन यह ऐसा अनुभव नहीं है, जिसमें मैं जीवन में फिर कभी गुजरना चाहूँगा।

और न टाटा मोटर्स उसकी पुनरावृत्ति करना चाहेगी, जिसके बारे में संगठन, के भीतर कई लोगों का कहना था कि साणंद स्थानांतरित होने का वह सबसे मुश्किल हिस्सा था। यानी, टाटा मोटर्स के लोगों और उनके परिवारों को उजड़ने और एक नई एवं अनजान जगह नए सिरे से जीवन शुरू करने के लिए जब मजबूर किया गया तो उन्हें तमाम मुश्किलों से गुजरना पड़ा। नई जगह घर तलाशना था,

बच्चों को स्कूल में भरती कराना था, काम करने वाले पति या पत्नी को अपनी नौकरी छोड़नी पड़ी और अल्पकालिक आपात आने पर दीर्घकालिक योजनाएँ तथा उम्मीदें भूलनी पड़ीं।

सिंगूर परियोजना में काम करने के लिए लोग चेन्नई, पुणे, मुंबई और कई अन्य जगहों से आकर कोलकाता में बस गए थे। 3 अक्तबूर के फैसले का अर्थ था अकादमिक वर्ष के बीच में कोलकाता छोड़ना। इसके सिवाय कोई विकल्प नहीं था। उत्तराखंड स्थित फैक्टरी में उत्पादन शुरू करना था, इसलिए वहाँ लोगों की जरूरत थी। पुण में पॉवर ट्रेन शॉप के लिए अतिरिक्त लोगों की जरूरत थी। फिर, साणंद में नया संयंत्र भी लगाना था। लंबे विचार-विमर्श के बाद एक योजना बनाई गई। लेकिन उससे सभी लोग संतुष्ट नहीं थे, खासकर वे जिनके बच्चे बड़े थे। लेकिन संकट से निपटने के अलावा दूसरा कोई चारा नहीं था।

पॉवर ट्रेन इंजीनियर सबलोक को खासतौर पर भयानक स्थिति से गुजरना पड़ा। सबलोक 2008-09 अकादमिक वर्ष के शुरू में लखनऊ से कोलकाता आ गए थे और जिस समय सिंगूर की फैक्टरी बंद हुई उनका इकलौता बेटा 10वीं की बोर्ड परीक्षा की तैयारी कर रहा था। सबलोक कहते हैं, ''मेरा परिवार कहीं और जाने का विरोधी था और शिक्षकों तथा भाषा के साथ हमें समस्या हो रही थी। जनवरी में मुझे पुणे आने और इंजन की नई फैक्टरी लगाने में मदद करने के लिए कहा गया। जब मेरे बेटे की परीक्षा शुरू हुई, मैं पुणे और कोलकाता के बीच चक्कर लगा रहा था, ताकि कम-से-कम सबसे महत्त्वपूर्ण पेपरों में उसकी कुछ मदद कर सकूँ।'' जुलाई 2009 में, सबलोक, उनकी पत्नी और बेटा अहमदाबाद चले गए। लेकिन दस दिन बाद ही सबलोक को अपना परिवार छोड़कर वापस पुणे जाना पड़ा।

नैनो परियोजना पर काम करने वाले इंजीनियरों और अन्य लोगों की तरह सबलोक को भी परिस्थितियों से तालमेल बिठाने के लिए संघर्ष, करना पड़ा। सिंगूर संकट के कारण परिवार उद्विग्न थे। जहाँ कई लोगों ने सिंगूर से हटने के फैसले का स्वागत किया, वहीं अन्य लोग चिंतित थे। वाघ कहते हैं, ''कार लॉन्च होने के बाद मैंने साक्षात्कारों में अपने सहकर्मियों के योगदान और सिंगूर संकट के दौरान उनकी मुश्किलों का उल्लेख किया था, लेकिन किसी ने भी उसमें छापने लायक मसाला नहीं पाया। परिवारों की तुलना में हम जैसे वर्करों के लिए शिफ्ट करना अपेक्षाकृत

आसान था। हम काम के समान वातावरण में जा रहे थे, समान लोगों से मिल रहे थे, लेकिन उनका जीवन पूरी तरह से बदल गया। इसके बावजूद, टीम किसी तरह एकजुट रही। मेरे विचार से, इस दौरान हमने महज 1-2 प्रतिशत अपने लोगों को खोया।''

स्थान के पुनः निर्धारण की कोशिशें जब रंग लाने लगीं तो छोटी-कार टीम साणंद की सुविधाओं से बहुत प्रभावित हुई। जयदीप देसाई कहते हैं, ''हालाँकि पश्चिम बंगाल में सुविधाओं की कमी नहीं थी, लेकिन हमारे लिए गुजरात उससे कहीं बेहतर साबित हुआ। साणंद में लोग अपेक्षाकृत कड़ी मेहनत करते हैं और आम रवैया भी भिन्न है।'' दूसरे फायदे भी थे। गिरीश वाघ कहते हैं, ''मेरा मानना है कि जो कुछ हुआ है, अच्छे के लिए हुआ है। सबसे बड़ी राहत की बात तो यह है कि हम फिर पटरी पर आ गए हैं। दूसरा, हमें प्रोडक्ट को परिष्कृत करने के लिए समय मिला। तीसरा, हम अपनी प्रक्रियाओं के बारे में अपनी परिकल्पनाओं के परीक्षण और गुणवत्ता के मुद्दे सुलझाने में सफल रहे। हम यह भी समझ गए हैं कि कई जगहों से काम करने का क्या अर्थ है। हमें अपने काम के तरीके को बदलना पड़ा है। यह एक बड़ा अनुभव रहा है।''

साणंद स्थित 41.7 करोड़ डॉलर की लागत वाली फैक्टरी को इंटेलिजेंट ऑटोमेशन प्लांट कहा जाता है। यह 'स्मार्ट फैक्टरी' अमेरिकी कंपनी रॉकवेल ऑटोमेशन इंक द्वारा मुहैया कराई गई इंटेलिजेंट-ऑटोमेशन हार्डवेअर, सॉफ्टवेअर और सेवाओं पर निर्भर है। इसमें रोबोटिक्स से कहीं बढ़कर टेक्नोलॉजी है। प्लांट सभी सेंसरों, माइक्रोचिप्स मोटर कंट्रोल्स, जो फैक्टरी फ्लोर पर अवरोध एवं खराबी होने से पहले उनकी जानकारी देते हैं, का स्वतः संचालन करता है। इसमें उत्पादन के आदेश के अनुसार सप्लायरों को पुर्जों के ऑर्डर देने की क्षमता है। इसके अतिरिक्त, एक 'जीनिएलॉजी' फीचर भी है जो हर कार में हर पुर्जे की जाँच करता है, जिससे टाटा मोटर्स को उन कारों के बारे में पता लग जाता है जिनमें कोई खराब पुर्जा लगा हो सकता है।

साणंद फैक्टरी में लगी ऑटोमेशन टेक्नोलॉजी आने वाले समय में उसे स्मार्ट इलेक्ट्रिकल ग्रिड्स से जुड़ने में सक्षम बना देगी। तब फैक्टरी सबसे सस्ती एवं पर्याप्त ऊर्जा पाने के साथ प्रोडक्शन को सहक्रियाशील बना सकेगी। रॉकवेल के

इंजीनियर विनय रंगराजन ने मिल्वाउ की जर्नल सेंटिनल से एक इंटरव्यू में कहा, "इस तरह की विशेषता आम बात लग सकती है, लेकिन यह कइयों के लिए नई और अनूठी है।" यह अत्याधुनिक चीज है, लेकिन टाटा मोटर्स के कॉन्ट्रैक्ट को हासिल करना रॉकवेल के लिए आसान नहीं था (उसे दुनिया के दो सबसे जाने-माने टेक्नोलॉजी उपक्रमों—सीमेंस और जनरल इलेक्ट्रिक से प्रतिस्पर्धा करनी पड़ी थी)। रंगराजन को उम्मीद है कि टाटा मोटर्स दक्षिण अफ्रीका, थाईलैंड और इंडोनेशिया में भी नैनो के उत्पादन के लिए स्मार्ट फैक्टरियाँ लगाएगी।

बहरहाल, वाघ संकेत करते हैं कि दुनियाभर की उम्मीदें नैनो परियोजना को सिंगूर से हुए नुकसान और निराशा की क्षतिपूर्ति नहीं कर सकतीं। वह कहते हैं, "वहाँ की स्थिति ने हमारा ध्यान उस चीज से हटा दिया था जिस पर कि इसे केंद्रित होना चाहिए था। इससे उत्पाद पर हमारी इंजीनियरिंग संबंधी तैयारी प्रभावित हुई। यह बहुत उद्विग्न करने वाली बात थी। व्यक्तिगत तौर पर कहूँ तो मैं सिंगूर को पीछे छोड़ने में सफल रहा, क्योंकि उसके बारे में सोचने के लिए मेरे दिमाग में स्थान या समय नहीं था।"

संकट गहराने के समय रतन टाटा जिस तरह नैनो टीम के साथ खड़े रहे, उसे वाघ और उनके सहयोगी नहीं भूलते। नैनो डेवलपमेंट प्रोग्राम के मुखिया कहते हैं, "वह अपने विश्वास पर अटल रहे। उन्होंने हमें मँझधार में नहीं छोड़ा। वह कह सकते थे कि हमारी टीम को बेहतर तरीके से स्थिति सँभालनी चाहिए थी और कई चीजें हम बेहतर तरीके से कर सकते थे। लेकिन उन्होंने ऐसा कभी नहीं किया। रतन टाटा और रविकांत उन अंतिम दिनों में कोलकाता नहीं आए, इसलिए वह हमसे मिलने वाली सूचना पर निर्भर थे। उन्होंने हमारा पूरा समर्थन किया।"

जहाँ तक सिंगूर स्थित साइट का सवाल है तो वह औद्योगिक ऊसर जैसी दिखती है। पुरी को विश्वास है कि जिन लोगों ने आंदोलन को हवा दी थी और उसका नेतृत्व किया था, वे लोग अपनी गलती महसूस करेंगे। हम हमेशा बातचीत के पक्ष में थे।" कॉरपोरेट कम्युनिकेशन प्रमुख देवाशीष राय अपने सहकर्मी के विचारों से सहमत हैं। "हो सकता है, चीजें भिन्न तरीके से की जा सकती थीं, लेकिन आंदोलन ने इतना गंभीर रूप ले लिया कि हमें वहाँ से हटने के लिए विवश होना पड़ा। यह अदूरदर्शी राजनीति थी। इसका पश्चिम बंगाल के विकास से कोई

सरोकार नहीं था।''

रे, जो खुद बंगाली हैं, का कहना है कि वह जिस राज्य के हैं वहाँ अंधसमर्थन की राजनीति चलती है। मुझे ऐसा कोई अवसर नहीं दिखता जब वहाँ की राजनीति द्विदलीय नहीं रही हो। मैं कहना चाहूँगा कि ऐसे कई राज्य हैं जहाँ विभिन्न पार्टियों के बीच भयंकर राजनीतिक टकराव है, लेकिन जब राज्य के विकास का मामला आता है तो वे एक जुट हो जाती हैं। पश्चिम बंगाल में यह बात नहीं है। जहाँ तक हमारी बात है, तो हम नुकसान उठाकर भी वहाँ से हट गए, लेकिन हमने टाटा की पिछले 100 वर्षों से अधिक की साख पर आँच नहीं आने दी।''

टाटा मोटर्स के पूर्व प्रबंध निदेशक रविकांत कहते हैं, ''हम नेकनीयती और अच्छे इरादों से पश्चिम बंगाल गए थे। हम राज्य के प्रति अपनी निष्ठा और प्रतिबद्धता का प्रदर्शन करना चाहते थे। हमसे चूक केवल यही हुई कि हम वहाँ की राजनीति को नहीं समझ सके। हम वहाँ पैदा होने वाली राजनीतिक स्थिति को नहीं भाँप सके। आखिर भाँप ही कौन सकता था?''

□

5

पहली झलक

किसी नई कार को दुनिया के सामने पेश करने का बहुत अर्थ नहीं होता। लेकिन रतन टाटा जब 2008 में जाड़े की एक सुबह दिल्ली ऑटो एक्सपो में अपने सपने को चलाकर लाए तो उसका अर्थ था। 'आम आदमी की कार' के अनावरण के मौके पर 10 जनवरी को प्रगति मैदान के पैवेलियन में जुटी भीड़ किसी असाधारण चीज की उम्मीद कर रही थी। और जब टाटा मोटर्स के चेयरमैन ने तालियों और सीटियों के बीच मोती जैसी सफेद नैनो को चलाकर जगमग रोशनी में लाए तो लोगों के सामने सही मायने में एक अनूठी मोटर कार थी।

दिल्ली ऑटो एक्सपो आमतौर पर भीड़भाड़ वाला मामला होता है जिसमें सामान्य लोग, मनोरंजन प्रेमी और मोटरगाड़ी उद्योग से जुड़े लोग आते हैं। लेकिन 2008 का एक्सपो अब तक का सबसे बड़ा एक्सपो था जिसकी वजह थी नैनो। अनावरण समारोह में 'टाटा कार' की एक झलक पाने के लिए सरकारी मंत्री, बिजनेस घरानों के मुखिया, विदेशी हस्तियाँ, मोटर प्रेमी, मीडिया प्रोफेशनल, नामी-गिरामी व्यक्ति और सामान्य लोग, यहाँ तक कि सैलानी भी आए थे। वे भारत के सभी हिस्सों और विदेश से जुटे थे। उनमें यह जानने की उत्सुकता थी कि लखटकिया कार की क्या विशेषता है।

भीड़ के जबरदस्त रिस्पांस से टाटा मोटर्स के लोग अभिभूत थे। उन्होंने इतनी भीड़, इतनी तारीफ, और नैनो को देखने, छूने एवं महसूस करने की चाहत रखने

वाले आगंतुकों की भारी संख्या की कल्पना भी नहीं की थी। जहाँ तक छोटी कार का निर्माण करने वाली टीम का सवाल है, अनावरण के अनुभव से उसे बहुत संतोष और राहत मिली। नैनो डेवलॅपमेंट प्रोग्राम के मुखिया गिरीश वाघ और उनकी टीम अपनी मेहनत के फल के बारे में आशा एवं अपेक्षा, भावावेश एवं उद्वेग से भरी हुई थी। अब वे थोड़ा आराम कर सकते थे और खुशियां मना सकते थे।

वाघ कहते हैं, ''अनावरण से पहले, खासकर पूर्व संध्या पर हमारे दिमाग में कहीं-न-कहीं यह सवाल था कि लोगों की प्रतिक्रिया क्या होगी। हम सोच रहे थे, 'क्या होगा?' हम नर्वस थे, हम उत्तेजित थे, और फिर यह रिस्पांस··· हम अभिभूत थे। हमारी चाहत थी कि लोग कार, उसके रूप-रंग से आश्चर्यचकित रह जाएँ। हमने अनावरण से पहले कुछ बाहरी लोगों को नैनो दिखाई थी। वे बहुत प्रभावित हुए थे। सो, हम जानते थे कि नैनो का प्रभाव जरूर पड़ेगा। लेकिन इतना प्रभाव पड़ेगा, अंतरराष्ट्रीय स्तर पर इतनी चर्चा होगी, इसकी हमने कल्पना नहीं की थी। यह दिमाग को चकरा देने वाली बात थी।''

एक्सपो में 10 दिनों तक हजारों लोगों की भीड़ उमड़ती रही और हर कोई नैनो की एक झलक पाना चाहता था। आयोजकों ने टाटा मोटर्स से कहा कि वे कार को एक और जगह प्रदर्शित करें, ताकि भीड़ पर काबू पाया जा सके। टाटा टीम ने सप्ताहांत की भीड़ को सँभालने के लिए अपने पैवेलियन में स्टाफ की संख्या दोगुनी कर दी। एक्सपो के आयोजकों में से एक कॉन्फेडरेशन ऑफ इंडियन इंडस्ट्री के एक वरिष्ठ एक्जीक्यूटिव गुरपाल सिंह याद करते हैं, ''हर सवाल नैनो से शुरू और खत्म होता था। एक्सपो में लोग रिकॉर्ड संख्या में पहुँचे। सप्ताहांत में दोपहर 12 बजे तक 1,80,000 लोग आए।'' भीड़ पर काबू पाने के लिए नैनो पैवेलियन को लगभग दो घंटे तक बंद रखना पड़ा।

एक अमेरिकी पर्यटक कीत्सा मैट्रेस को, जो भीड़ में जगह बनाते हुए किसी तरह नैनो के घूमचक्कर तक पहुँची थी, यह कहते हुए उद्धृत किया गया, ''मुझे कार में खास दिलचस्पी नहीं है, लेकिन मैं 'लाख' शब्द के जादू को देखना चाहती थी।'' एक दक्षिण कोरियाई पर्यटक जिमी येप ने नैनो की एक झलक देखने के बाद कहा कि यह विकासशील देशों के प्रति दुनिया का नजरिया बदल देगी। भारतीय दर्शकों के लिए नैनो का अलग अर्थ था। डेनिएल अब्राहम ने कहा, ''अगर मुझे

अपने बॉस से कर्ज मिला तो मैं यह कार खरीद सकता हूँ। फिर मुझे अपनी माँ को मोटरसाइकिल पर नहीं ले जाना पड़ेगा।''

टाटा मोटर्स के कॉरपोरेट कम्युनिकेशंस प्रमुख देवाशीष रे याद करते हैं कि किस तरह रतन टाटा एक दर्शक को नैनो की उपयोगिता बता रहे थे। दर्शक हैरान था। रे कहते हैं, ''हमारे पास टच स्क्रीन किओस्क थे जहाँ लोग कार, रंग, ऐक्सेसरीज आदि के विकल्पों की जाँच कर सकते थे। वह भद्र दर्शक समझ नहीं पा रहा था कि उसे नैनो का कौन सा रंग पसंद है। तभी पीछे से आवाज आई कि उसे लाल रंग की नैनो लेनी चाहिए। उस व्यक्ति ने पीछे मुड़कर देखा तो श्री रतन टाटा को सामने पाया। वह चेयरमैन के पैरों पर लगभग गिर पड़ा और कहने लगा, 'आप भगवान हैं। ये लीजिए चेक और मुझे कार दीजिए।' हम इस तरह की प्रतिक्रिया के लिए तैयार नहीं थे।''

छोटी कार परियोजना के बॉडी सिस्टम्स इंजीनियरिंग ग्रुप के सदस्य और दो भिन्न नैनो के अनावरण के समय रतन टाटा के पीछे स्टेज पर जाने वाले टाटा मोटर्स के नौ इंजीनियरों में से एक आर.जी. राजहंस ने कार को लेकर भीड़ में देशभक्ति का भाव देखा। वे कहते हैं, ''नैनो को टाटा प्रोडक्ट की बजाय भारत की कार के रूप में देखा गया। अनावरण के 30 मिनट के भीतर मेरे पास संबंधियों, मित्रों, जिनमें से कुछ विदेश में बसे थे, के फोन आगे लगे। वे कार और उसमें मेरे योगदान के बारे में पूछ रहे थे। मैं आश्चर्यचकित था। पूरी दुनिया देख रही थी। खबर इतनी तेजी से फैलती है।''

दिल्ली एक्सपो में अनावरण के लिए सात शो कारें बनाई गई थीं। इनमें से पाँच शो और दो उनके स्थान पर प्रयोग के लिए थीं। ये विशेष नैनो कारें संयोजन शृंखला से नहीं निकली थीं; बल्कि उन्हें पुणे स्थित टाटा मोटर्स के इंजीनियरिंग रिसर्च सेंटर के एक नमूना बनानेवाली कार्यशाला में बहुत अनुशासन और सावधानी के साथ तैयार किया गया था। इस ऑपरेशन को गोपनीय रखा गया था। नैनो डिजाइन टीम के सदस्य निखिल जाधव कहते हैं, ''हम एक्सपो में पहली बार कार दिखाने का मजा खराब नहीं करना चाहते थे। नमूना बनानेवाली कार्यशाला की सुरक्षा व्यवस्था बहुत कड़ी थी और उसमें सेलफोन ले जाने की इजाजत नहीं थी। शॉप में जाने की इजाजत करीब 100 लोगों को थी, इसके बावजूद कार का एक भी

फोटोग्राफ, या उसे परिभाषित करने वाला एक भी नेमटैग बाहर नहीं आया।''

नैनो का नामकरण आसान काम नहीं था। इसकी प्रक्रिया अनावरण के एक साल पहले 2007 के प्रारंभ में उस समय शुरू हुई थी जब स्टाइलिंग स्टूडियो के जाधव और अन्य लोगों ने 35-40 नामों की एक सूची बनाई और उसे मुंबई स्थित टाटा के मुख्यालय बॉम्बे हाउस को भेजा। किसी वाहन को नाम देना आमतौर पर मार्केटिंग विभाग का विशेषाधिकार होता है। लेकिन नैनो की डिजाइन टीम के लोग अपने इस प्रयास को गुप्त रखना चाहते थे।

जाधव कहते हैं, ''नाम चुनने के हमारे अपने तर्क थे और 1 लाख रुपए मूल्य इसमें एक अहम कारक था। सूची में हमने जो नाम लिखे थे, उनमें से कुछ अस्पष्ट, कुछ विचित्र, कुछ दिलचस्प, कुछ रिसाइकिल्ड और कुछ प्रथमाक्षर थे। मसलन, मिंट, निओ, इंका, माईकार, आईकार, इओन, एरा, एटम, नैनो आदि। हम छोटा और सुंदर नाम चाहते थे जो लोगों की जुबान पर आसानी से चढ़ जाए।''

नामों की लंबी सूची को छोटा कर दिया गया। अब उसमें केवल चार नाम थे। फिर यह सुनिश्चित करने के लिए उनकी बार-बार जाँच की गई कि कहीं कॉपीराइट में समस्या तो नहीं आएगी। एक्सपो से 15 दिन पहले रतन टाटा खुद पुणे में जम गए थे। उन्होंने शो कारों की एक-एक चीज और एक्सपो में दिए जाने वाले प्रजेंटेशन की अच्छी तरह जाँच की। स्टाइलिंग के लोग नामपट्ट के लिए फॉन्ट पर काम कर रहे थे। एक शाम रतन टाटा टहलते हुए डिजाइन स्टूडियो में आ गए। जाधव कहते हैं, ''हमने उनकी पसंद के मुताबिक बौहौस फॉन्ट को चुना। सभी अक्षरों को लोवरकेस में होना था। वह हर शाम अपडेट लेते हुए, इस या उस चीज पर चर्चा करते हुए चार-पाँच घंटे प्लांट में बिताते थे। उसी दौरान शुभंकरों के डिजाइन और नैनो के नाम को अंतिम रूप दिया गया।''

नेमटैग्स की लेटरिंग क्रोम में बनाए जाने थे। इस काम के लिए पुणे की एक एजेंसी को अनुबंधित किया गया। जाधव को आशंका थी कि मीडिया को नाम लीक किया जा सकता है, इसलिए उन्होंने अक्षरों को दोबारा क्रमबद्ध किया और नामपट्ट एजेंसी के पास भेज दिया। यह तरकीब काम आई। जाधव कहते हैं, ''हमने कार को प्रदर्शन के लिए भेजे जाने से पहले रात 2 बजे उस पर नामपट्ट और शुभंकर लगाया।''

शो कारें तीन ट्रेलरों में बंदूकधारी सुरक्षा गार्डों के साथ 4 जनवरी से भेजी जाने

लगीं। यह एक और अत्यंत गोपनीय कार्य था, जिसमें टाटा मोटर्स और छोटी-कार टीम निपुण होती जा रही थीं। दिल्ली में कारों को एक गोदाम में रखा गया। वहां वे अनावरण से पहले की रात तक रहीं। जाधव कहते हैं, "सबकुछ गोपनीय था। कारें निश्चित रूप से चलाने लायक थीं, लेकिन उन्हें कभी नहीं चलाया गया था। आसपास फोटोग्राफर ताक-झाँक लगाए हुए थे, इसलिए हम कारों को ट्रेलरों में एक्सपो पैवेलियन ले गए और वहाँ अतिरिक्त साज-सामान और आखिरी तफसील पर काम किया।" हर तरह की सावधानी के बावजूद, कार का नाम लीक हो गया (एक टेलीविजन चैनल को इस दिलचस्प नाम की कहीं से भनक लग गई थी)। "लेकिन कार के आकार और बनत के बारे में हमारे सिवाय और कोई नहीं जानता था।"

रतन टाटा की देखरेख में शो कारों के प्रदर्शन की तैयारी चल रही थी। गिरीश वाघ कहते हैं, "वह अनावरण के हर पहलू में शामिल थे। अनावरण से पहले की रात दिल्ली में वह सुबह 2 बजे तक हमारे साथ थे। हम मंच पर कार लाने, कौन कहाँ होगा आदि का रिहर्सल कर रहे थे। पूरे रिहर्सल के दौरान वह हमारे साथ थे। हम अनावरण की सुबह 9 बजे आए तो देखा कि वह पहले से मौजूद हैं और अपने प्रजेंटेशन पर काम कर रहे हैं।" और फिर चेयरमैन ने अपना प्रोग्राम बदल दिया।

वाघ याद करते हैं, "मैं दर्शकों में था और श्री टाटा मंच के पीछे प्रतीक्षा क्षेत्र में थे। सुबह के लगभग 10 बजे थे और शो शुरू होने के करीब था। उसी समय मुझे संदेश मिला कि श्री टाटा मुझसे मिलना चाहते हैं। मैं उनके पास गया। वह रविकांत (टाटा मोटर्स के तत्कालीन प्रबंध निदेशक) के साथ थे। उन्होंने कहा कि वह लाल रंग की स्टैंडर्ड नैनो चलाते हुए मंच पर नहीं आएँगे, बल्कि मोती के रंग जैसी टॉप-एंड मॉडल में आएँगे। मैं नहीं जानता कि उन्होंने यह फैसला क्यों लिया।" चेयरमैन के अपने तर्क थे। उन्होंने प्रजेंटेशन के बाद दिए जाने वाले अपने भाषण के पॉइंट्स एक कागज पर नोट किए। यह उस व्यक्ति के लिए असामान्य बात थी जो ऐसे मौकों पर आशु भाषण देता था। लेकिन सामान्य मौका नहीं था।

अनावरण रतन टाटा के पहले से रिकॉर्ड किए हुए 11 मिनट के संदेश से शुरू हुआ। संदेश एक विशाल परदे पर दिखाया गया। चेयरमैन—जो इस तरह के प्रजेंटेशन में माहिर हो चुके हैं—ने कई विषयों को छुआ: मसलन, अनुसंधान,

मानवचालित पहला विमान, साइकिल से मोटरीकृत दो पहिया वाहन, कंप्यूटरों का आविष्कार, स्कूटर पर बैठे परिवार की कहानी, यात्रा के सस्ते एवं सुरक्षित मोड की अपनी तलाश और नैनो का संकल्पनात्मक विकास। वह संदेह प्रकट करने और हतोत्साहित करने वाले लोगों के बारे में भी बोले—इस हिस्से में सुजुकी के चेयरमैन ओसामु सुजुकी के बयान की एक क्लिप भी दिखाई गई। उन्होंने बताया था कि यह छोटी-कार कितना प्रदूषण फैला सकती है।

संदेश खत्म होने के बाद, रतन टाटा इस बार खुद अपनी नैनो चलाते हुए मंच पर आए। उस समय चारों तरफ स्पॉटलाइट का प्रकाश था और पृष्ठभूमि में स्टैनली कुब्रिक की 2001: एस्पेस ओडिसी की धुन बज रही थी। रतन टाटा के पीछे टाटा मोटर्स के नौ इंजीनियर एक लाल और एक पीली नैनो में आए। श्री टाटा जब अपनी कार से बाहर निकले तो इंजीनियर उनके अगल-बगल खड़े हो गए। गिरीश वाघ को मंच पर बुलाने से पहले चेयरमैन ने कहा, ''यहाँ उन युवा इंजीनियरों के समूह की उपलब्धि का उल्लेख करना समीचीन होगा, जिन्होंने तमाम मुश्किलों के बावजूद चार वर्षों तक अथक परिश्रम करते हुए इस कार का निर्माण किया।''

भीड़ की तालियों से पैवेलियन गूँज उठा और रतन टाटा को लगभग चिल्लाकर नैनो नाम के पीछे का तर्क बताना पड़ा। फिर, लखटकिया कार बनाने की अपनी प्रतिबद्धता का जिक्र करते हुए उन्होंने कहा, ''वादा वादा होता है।'' अनावरण सीधे-साधे समारोह में हुआ, ड्रम की आवाज नहीं, लंबे-चौड़े वादे नहीं। रतन टाटा ने कहा, ''इस समारोह के लिए किसी नामी-गिरामी हस्ती को नहीं बुलाया गया है और न ही कोई डांस नंबर चुना गया है। आकर्षण के केंद्र में हमारी नई कार है···हम भारत की जनता की कार प्रस्तुत करते हुए बहुत खुश हैं और हमें उम्मीद है कि जिन परिवारों को निजी इस्तेमाल के लिए अपने वाहन की जरूरत है वे इस कार का मालिक बन कर आनंद और गर्व महसूस करेंगे।''

रतन टाटा यहीं नहीं रुके। अनावरण से पहले चेयरमैन को सुरक्षा एवं उत्सर्जन से लेकर जलवायु परिवर्तन एवं ग्रिडलॉक तक हर चीज पर आलोचना का सामना करना पड़ा था। इसलिए आज वह आक्रामक मूड में थे जो अनावरण के बाद उनकी टिप्पणियों में स्पष्ट रूप से दिखा। एक अखबार ने उन्हें यह कहते हुए उद्धृत किया, ''यह (नैनो) जिस रूप में है, इसे उसी रूप में लीजिए। यदि हमें सचमुच प्रतिस्पर्धा

करनी है, और ऐसा लगता है कि हमें करनी होगी, तो मेरे खयाल से इसका श्रेय नैनो को जाएगा। मेरे विचार से, कोई भी लड़ाई बाजार में खुले रूप में होनी चाहिए। मैं बाजार में लड़ने के लिए तैयार हूँ, और सभी खिलाड़ियों से वहीं लड़ने का अनुरोध करता हूँ। यदि ऐसा होता है, और यदि हम सफल होते हैं तो हम भारत के लिए नया आधार तैयार कर देंगे।''

गिरीश वाघ की मानें तो अनावरण और प्रदर्शन के सितारे नैनो के पीछे पूरी तरह से रतन टाटा का दिमाग था। छोटी-कार के प्रोजेक्ट लीडर कहते हैं, ''उन्होंने अंतिम डिटेल तक का खाका तैयार किया था। वह समूची दुनिया के सामने अपनी कार, अपना सपना पेश कर रहे थे और हर चीज परफेक्ट चाहते थे। उन्होंने रुटीन का तीन बार रिहर्सल और एजेंसी की स्क्रिप्ट पर दोबारा काम किया था। उन्होंने अनावरण से दो दिन पहले ऑडियो विजुअल का पहला कट देखा था और बहुत असंतुष्ट थे।'' उसी समय रतन टाटा ने स्पेस ओडिसी थीम के इस्तेमाल के लिए खासतौर पर कहा। वे प्रजेंटेशन कट की एक खास लंबाई चाहते थे और कहा कि इसका फोकस जनता पर होना चाहिए। ''वह इसे चमकदार बनाना नहीं चाहते थे।''

अनावरण की सुबह वाघ ने देखा कि रतन टाटा का मिजाज बदला हुआ है। वह कहते हैं, ''एक्सपो से पहले बहुत नकारात्मक प्रचार हुआ था, जिससे चेयरमैन आहत थे। हममें से भी कई लोग दुःखी थे। हम एक मुश्किल काम को अंजाम देने की कोशिश कर रहे थे और लोग हमें हतोत्साहित करने का प्रयास कर रहे थे। चेयरमैन के शब्द आवेशपूर्ण थे और मेरे खयाल से दर्शकों ने इस भाँप लिया था।''

बॉडी सिस्टम्स इंजीनियर आर.जी. राजहंस ने, जो मंच पर आने वाली चेयरमैन की कार के पीछे पीली नैनो में थे, पूरे मामले को बहुत गंभीरता से नहीं लिया। वह कहते हैं, ''हमें स्टेज पर कार पार्क करनी थी, दरवाजा खोलना था और बाहर आकर उनके बगल में खड़ा हो जाना था। वाघ कहते हैं, ''हम मजाक कर रहे थे, कि दरवाजा नहीं खुलेगा, हम भीतर फँस जाएँगे और भीड़ हमें बाहर निकालकर कार पर कूदना शुरू कर देगी।'' वाघ सार्वजनिक मंच पर असहज महसूस करते हैं। इसलिए, जब रतन टाटा ने अनावरण से पहले उनसे कहा कि वह उन्हें मंच पर बुलाएँगे तो वाघ को खुशी नहीं हुई।

वाघ कहते हैं, ''मैंने उनसे अनुरोध कि वह मुझे मंच पर न बुलाएँ, लेकिन

उन्होंने अपना मन बना लिया था। पहले, मुझे दो कारों में से एक में अन्य टीम सदस्यों के साथ मंच पर आना था। फिर उन्होंने कहा, 'नहीं, आप दर्शकों के बीच रहेंगे। मैं आपको अलग से बुलाऊँगा।' वह अन्य चीजों के अलावा यह भी कहते रहे कि नैनो जिस किसी भी चीज का प्रतिनिधित्व करती हो, यह परियोजना पर काम करने वाले युवा इंजीनियरों का उपहार है। उन्होंने कहा कि मुझे और अन्य इंजीनियरों को मंच पर बुलाना उपलब्धि के बारे में बताने का एक तरीका है। मैं अभिभूत हो गया। निश्चित रूप से यह मेरे लिए अब तक का सबसे बड़ा सम्मान था।''

वाघ के लिए एक बड़ा बोझ यह फैसला करना था कि उनकी विशाल 500 सदस्यीय टीम में से और कौन-कौन लोग मंच पर उनके साथ होंगे। मंच पर वाघ सहित 10 लोगों को होना था। उन लोगों का चयन करना प्रोजेक्ट लीडर का काम था। 'मैं दुविधा में था। मैं पदानुक्रम पर नहीं जा सकता था। और ऐसे कई लोग थे जिनका चयन किया जा सकता था। मैंने इस पर चेयरमैन और अन्य लोगों से चर्चा की। तीन दिनों तक ऐसा ही होता रहा। अंततः रविकांत परेशान हो गए। उन्होंने सलाह दी कि मैं दुविधा छोड़कर अपना मन बनाऊँ। उन्होंने कहा, 'आपको जीवन में लगातार फैसले लेने होंगे और आप इतना आसान फैसला नहीं ले सकते?' सो, मैंने संतुलन साधते हुए चयन किया।''

वाघ ने महसूस किया कि उन्हें टीम के सभी तबकों को खुश रखने की जरूरत है। ''मैंने यह सुनिश्चित करने की कोशिश की कि प्रोजेक्ट में शामिल हर ग्रुप का प्रतिनिधित्व हो। इसमें डिपार्टमेंट प्रमुखों की राय लेने का सवाल नहीं था। अंततः वाघ ने यात्री कार इंजीनियरिंग के प्रमुख जी.आर. नागभूषण, परिवहन समाकलन प्रमुख अभय एम. देशपांडे, इंटीग्रेशन के पॉइंटमैन जय बोलार, बॉडी इंजीनियरिंग से राजहंस, कंस्ट्रक्शन से एम.बी. कुलकर्णी, सोर्सिंग टीम से ई. बालसुब्रह्मणयम, मैन्युफैक्चरिंग ग्रुप के प्रमुख प्रियदर्शन क्षीरसागर, आयोजन से जयदीप देसाई और इंजन-विकास से एन.के. जैन को चुना। वाघ कहते हैं, ''मुझे कोई शिकायत नहीं मिली, इसलिए मेरे विचार से यह अच्छा चयन था।''

इस तरह का सम्मान टाटा मोटर्स की हर नई गाड़ी की लांचिंग में अब नियम बन गया है। वाघ कहते हैं, ''लोगों को मंच पर बुलाने की शुरुआत नैनो से हुई।

इसके पहले केवल शीर्ष प्रबंधन और चेयरमैन मंच पर होते थे। टीम सदस्यों के मंच पर होने और नमस्कार करने से बात ही बदल जाती है। उन्हें मंच पर बुलाया ही जाना चाहिए।''

विशाल टाटा मोटर्स संगठन को अनावरण के बाद पहचान से भी बड़ी चीज मिली। कॉरपोरेट कम्युनिकेशन प्रमुख देवाशीष रे कहते हैं, ''एक्सपो के दौरान प्रेस कॉन्फ्रेंस के लिए 200 सीटों वाले एक हॉल में पत्रकार उमड़ पड़ते थे। उधर, पैवेलियन में सरकारी अधिकारियों, विदेशी हस्तियों और सामान्य लोगों की भीड़ जुट जाती थी। नैनो की पहली झलक देखते ही उनके चेहरे पर आश्चर्य के भाव आ जाते थे। यह मामूली बात नहीं थी।''

रे उस घटना को याद करते हैं जब टाटा मोटर्स पैवेलियन को दिनभर के लिए बंद कर दिया गया था और दो बच्चों के साथ एक परिवार नैनो देखने आया। ''पिता ने हमसे कहा कि वे लोग नैनो की एक झलक पाने के लिए आगरा से आए हैं, इसलिए हमने परिवार को पीछे के एंट्रेंस से भीतर जाने दिया। हमने जब कार से आवरण हटाया तो बच्चों ने उसके चारों तरफ दौड़ना शुरू कर दिया। हमें इस तरह के कई अनुभव हुए।''

रे कहते हैं कि 10 जनवरी को अनावरण के बाद आयोजित प्रेस कॉन्फ्रेंस में जितनी संख्या में पत्रकार आए, उसकी उन्होंने कल्पना नहीं की थी। इसके बाद 23 मार्च, 2009 को ताजमहल पैलेस एंड टॉवर में नैनो औपचारिक रूप से लॉन्च की गई। ''दुनियाभर से कोई 800 पत्रकार जुटे थे। उनमें रूस, जापान और आइसलैंड के पत्रकार शामिल थे। मैं अवाक रह गया था।''

एक्सपो में हुए अनावरण से नैनो में लोगों की दिलचस्पी फूट पड़ी। यह दिलचस्प कम हो गई होती अगर उस समारोह में कार की झलक पाने वाले लोग कई कारणों से उसे अभी तक याद नहीं करते। वित्त विशेषज्ञ सी. रामकृष्णन, जिन्हें नैनो के बिलकुल शुरुआती चरण में समन्वय के लिए छोटी-कार प्रोजक्ट में शामिल किया गया था, की आँखों में उस समय आँसू निकल आए जब कार लोगों के सामने आई। टाटा मोटर्स के मुख्य वित्त अधिकारी कहते हैं, ''मैं कंपनी के साथ 30 साल से हूँ, लेकिन मैं इतना भावुक कभी नहीं हुआ था। मुझे कोई संदेह नहीं कि कंपनी के दूसरे लोगों ने भी ऐसा ही महसूस किया होगा।''

गिरीश वाघ के अनुसार, अनावरण के बाद टाटा मोटर्स को अपनी जवाबदेही के लिए खूब वाहवाही मिली। वह कहते हैं, ''हमें मीडिया, भारत और विदेश के लोगों से जो प्रतिक्रिया मिली, उससे हमने नैनो का वादा पूरा करने की अपनी जिम्मेदारी महसूस की।'' इसका अर्थ यह नहीं था कि हर किसी ने छोटी कार पर उसी समय विश्वास कर लिया। वायर्ड पत्रिका ने वाघ को यह कहते हुए उद्धृत किया, ''क्या आप विश्वास कर सकते हैं? एक्सपो में, लोग यह देखने के लिए नैनो को थपथपाते थे कि वह धातु की बनी है या नहीं।'' लेकिन नैनो का जितना स्वागत हुआ और बाद में जितना आकर्षण बढ़ा, उससे यह साबित हो गया कि यह मोटर कारों की भीड़ में महज एक और कार नहीं है।

एक समय था जब केवल संपन्न लोग ऑटोमोबाइल खरीद सकते थे। लेकिन फोर्ड मॉडल टी ने उस समीकरण को हमेशा के लिए बदल दिया। उसके 100 साल बाद, नैनो एक ऐसे देश में लाखों लोगों के जीवन का अंग बन सकती है, जहाँ दूरियाँ बहुत हैं, सार्वजनिक परिवहन की हालत खस्ता है और सड़कें असुरक्षित हैं। लेकिन टाटा मोटर्स को अभी कई पुल पार करने हैं। जैसाकि कंपनी के चेयरमैन ने अनावरण का जुनून शांत होने के बाद कहा, ''अंतिम फैसला तो उपभोक्ता करेगा। हमें उनके फैसले का इंतजार करना चाहिए।''

□

6

दुनिया की प्रतिक्रिया

दिल्ली ऑटो एक्सपो में अनावरण के बाद जिस तरह दुनिया नैनो टीम की इंजीनियरिंग की वाहवाही कर रही थी, परियोजना में शामिल हर सदस्य ने ऑटोमोबाइल के देवताओं को जरूर धन्यवाद दिया होगा। आलोचना भी हो रही थी। लेकिन परियोजना के सदस्य इससे हतोत्साहित नहीं हुए, क्योंकि उन्हें एक ऐसा उत्पाद बनाने की खुशी थी जो मोटरिंग गेम के नियमों को बदल सकता था।

छोटी-कार टीम ने सुकून महसूस किया। यह कहना कि टाटा मोटर्स के लोग प्रतिक्रिया से आश्चर्यचकित थे, न्यूनोक्ति होगी। वे दरअसल नैनो में हर कार प्रेमी, हर ऑटो विशेषज्ञ और हर इंडस्ट्री गुरु की बढ़ती दिलचस्पी से अभिभूत थे। नैनो को मिलने वाली जबरदस्त वाहवाही के सामने आलोचना, आधे-अधूरे मन से की जाने वाली प्रशंसा कुछ भी नहीं थी। यहाँ एक ऐसी कार थी जिसने अप्रत्याशित रूप से चरम इंजीनियरिंग की परिभाषा का विस्तार कर दिया था। और जिस तरह से लोगों ने इसका स्वागत किया, वह यदि पूरी तरह से प्रत्याशित नहीं तो उपयुक्त जरूर था।

एक्सपो में प्रदर्शित नैनो को देखने के लिए लोगों की भीड़ उमड़ने से यह साबित हो गया कि आम जनता एक ऐसी कार को लेकर कितनी उत्साही है जिसे वह सही मायने में भारत की अपनी कह सकती है। इसके निर्माण में जितनी चुनौतियाँ सामने आईं, उनसे कोई छोटी कंपनी टूट गई होती। एसोसिएटेड प्रेस के गेविन राबिनोवित्ज ने लिखा, ''विकासशील दुनिया के लाखों लोगों के लिए टाटा

मोटर्स की नई 2,500 डॉलर वाली चार दरवाजों की कार हेनरी फोर्ड के मॉडल टी जितनी बड़ी परिवहन क्रांति ला सकती है। यह दुनिया की सबसे सस्ती कार है।'' न्यूयॉर्क स्थित ऑटो इंडस्ट्री सलाहकार कंपनी कैसेसा शापिरो ग्रुप के जॉन कैसेसा ने कहा, ''अपने बारे में किए गए वादे पर अगर यह खरी उतरी तो यह उसके लिए बहुत बड़ी उपलब्धि होगी। मेरे खयाल से इस तरह की कार की भारी माँग है, क्योंकि यह दो पहिए से चार पहिए पर जाने की रुकावट को खत्म करती है। टाटा मोटर्स ऐसी चीज का निर्माण कर रही है जो पहले कभी नहीं थी: मोटरसाइकिल की कीमत पर कार की उपयोगिता।''

रीडिफ.कॉम ने कहा, ''नैनो भारतीय-इस्टाइल के समाजवाद का महान् प्रतीक है।'' टाइम पत्रिका ने लिखा, ''यह अब तक डिजाइन की हुई सबसे महत्त्वपूर्ण कारों में एक हो सकती है···बिक्री शुरू होने से पहले ही यह विकासशील दुनिया में एक महत्त्वपूर्ण प्रतीक के रूप में उभर चुकी है। यह नवीनता का एक नया ब्रांड है जो सस्ता लेकिन बहुत उपयोगी है। इसे इंजीनियरों की सूझबूझ का कमाल कहेंगे। पश्चिमी कंपनियों ने इस तरह की कार बनाने में खर्चीली टेक्नोलॉजी का इस्तेमाल किया होता।'' इसने टाटा मोटर्स के चेयरमैन रतन टाटा को, जिन्होंने इस कार को लेकर अपनी प्रतिष्ठा के अलावा भी बहुत कुछ दाँव पर लगा दिया था, यह कहते हुए उद्धृत किया कि इसे क्रांति के बजाय विकास कहना बेहतर होगा। ''यदि आप मुझसे पूछते कि क्या इससे भी सस्ती, मसलन, 50,000 रुपए की कार बनाना संभव है तो मैं कहता, 'हाँ, संभव है।' मैं नहीं सोचता कि कोई चीज असंभव है।''

टाइम की मशहूर प्रतिद्वंद्वी पत्रिका न्यूजवीक ने नैनो को 21वीं शताब्दी की कारों की एक 'नई किस्म' बताया जिसमें अपेक्षाकृत छोटा, अपेक्षाकृत हलका और अपेक्षाकृत सस्ता का विपरीत दर्शन अपनाया गया है।' न्यूजवीक के मुताबिक, नैनो 'सस्ते निजी वाहन के युग का पूर्वाभास देती है।' द फाइनैंशियल टाइम्स ने कार को दुनिया में भारत के बढ़ते महत्त्व से जोड़ा। 'यदि आधुनिक राष्ट्र बनने की भारत की महत्त्वाकांक्षा का कोई प्रतीक हो सकता है तो वह निश्चित रूप से कम कीमत वाली छोटी कार नैनो है। नैनो उन लाखों भारतीयों का सपना पूरा करेगी जो शहरी समृद्धि का हिस्सा बनना चाहते हैं।''

भारत के राजनीतिक वर्ग ने भी, जो सफलता की कहानियों से अपने को जोड़ना का मौका कभी नहीं चूकता, नैनो की खूब तारीफ की। वाणिज्य मंत्री

कमलनाथ ने कहा, ''यह भारत के लिए गर्व का क्षण है। नैनो भारत की प्रौद्योगिकीय और उद्यमीय क्षमता को दरशाती है। यह उन आम भारतीयों की जरूरत को पूरी करेगी जो दो पहिया से चार पहिया पर जाना चाहते हैं।'' शिवसेना सुप्रीमो बाल ठाकरे ने अपनी पार्टी के मुखपत्र सामना के एक संपादकीय में रतन टाटा को सलाम किया। उन्होंने कहा, ''देश में कई समृद्ध और अति-समृद्ध उद्योगपति हैं...लेकिन (श्री टाटा) उनकी तरह वे आम जनता के हृदय को नहीं छू सकते।''

व्यवसायों के मालिक और उद्योग के शीर्ष अधिकारी कुल मिलाकर नैनो की परिकल्पना के समर्थक थे। उभरते बाजारों की ऑटोमोटिव सलाहकार फर्म सेगमेंट वाई के बिजनेस डेवलॅपमेंट प्रमुख फिओन्ना प्रिम्स ने कहा, ''नैनो ने भारत को दुनिया के नक्शे पर पहुँचा दिया है। जिस काम को करने में जापानियों ने 30 साल लगाया, टाटा मोटर्स ने उसे चार वर्षों में कर दिखाया। वह समूचे उद्योग को बदल देगी।'' लंदन स्थित मोटरगाड़ी विश्लेषक आश्विन चोटाई अपनी टिप्पणी में अधिक चौकस थे। उन्होंने कहा, ''इस उत्पाद की परीक्षा तब होगी जब इसे चलाया जाएगा। वैसे, देखने में यह बहुत सुंदर है। कीमत थोड़ा हैरान करने वाली है। मैंने सोचा था कि यह थोड़ी अधिक होगी।'' भास्कर प्रकाशन के समूह संपादक श्रवण गर्ग ने नैनो को केवल कार के रूप में नहीं देखा। उन्होंने कहा, ''यह बदलाव का वाहन है। यह भारत में समाज का चेहरा बदल देगी।''

वाशिंगटन में वैकल्पिक ऊर्जा का अभियान चलाने वाले गाल लुफ्त ने, जो पेट्रोल की बेतहाशा खपत करनेवाले डेट्रायट में लोकप्रिय हस्ती नहीं हैं, नैनो की तारीफ करने में कोताही नहीं की। उन्होंने कहा, ''एक शताब्दी पहले हेनरी फोर्ड के मॉडल टी के साथ अमेरिका पहियों पर दौड़ने लगा था। अब वही काम टाटा की सस्ती कार नैनो दुनिया के सामान्य लोगों के लिए कर रही है। आज जिसे कई लोग 'खिलौना कार' कहकर खारिज कर दे रहे हैं, वही कल अपने को दहाड़ने वाला चूहा साबित कर सकती है। यह शताब्दी के सबसे क्रांतिकारी उपभोक्ता उत्पादों में से एक है...कार की कम कीमत होने के कारण उन भारतीय परिवारों की संख्या 65 प्रतिशत बढ़ जाएगी जो अब कार रख सकते हैं। लेकिन व्यापक गरीबी केवल भारत में नहीं है, इसलिए जो चीज यहाँ के मध्यवर्ग के लिए उपयोगी होगी, वह बांग्लादेश, पाकिस्तान, श्रीलंका, ग्वाटेमाला, कांगो और चीन सहित बीसियों अन्य देशों के इस वर्ग के लिए भी हो सकती है...''

मोटरसाइकिल निर्माता कंपनी टी.वी.एस. मोटर्स के चेयरमैन वेणु श्रीनिवासन ने

कहा, ''भारतीय उद्योग के लिए यह महत्त्वपूर्ण दिन है, इस दिन पर भारत को गर्व होना चाहिए। रतन टाटा के पास नए बिजनेस मॉडल के सृजन के लिए परिकल्पना और संदेह व्यक्त करने वाले सभी लोग इससे चिंतित हैं। नैनो एक उपलब्धि है।'' मुंबई स्थित ऑटो डीलर बाफ्ना मोटर्स के प्रबंध निदेशक एस.एम. बाफ्ना ने बताया कि उन्हें संभावित खरीददारों की पूछताछ से छुटकारा पाने के लिए अपने फोन को हुक से हटा देना पड़ता है। उन्होंने कहा, ''लोग बहुत बेचैनी से कार का इंतजार कर रहे हैं।''

नैनो के बारे में टाटा मोटर्स के कुछ प्रतिद्वंद्वियों की प्रतिक्रियाएँ उदार, कुछ की घटिया और कुछ की शरारतपूर्ण रहीं। ह्युंडाई मोटर्स के एक अधिकारी ने कहा कि नैनो के कारण 'हमारी बिक्री पर निश्चित रूप से प्रभाव पड़ेगा।'' बजाज ऑटो के प्रबंध निदेशक राजीव बजाज को नैनो की वाणिज्यिक सफलता पर संदेह है। उन्होंने कहा, ''इस कार को बनाने में मुझे टाटा की क्षमता पर संदेह नहीं है। मुझे संदेह उसे 1 लाख रुपए में बनाने पर है। मैंने टाटा मोटर्स से अभी तक यह नहीं सुना है कि इससे मुनाफा होगा।''

सबसे अशोभनीय टिप्पणी सुजुकी मोटर कॉर्पोरेशन के चेयरमैन ओसामु सुजुकी ने की। सुजुकी मोटर कॉरपोरेशन की मारुति-800 को नैनो की तुलना में काफी झटका लगा है। जिस समय टाटा की छोटी कार डेवलॅप की जा रही थी, सुजुकी ने यह कहते हुए उसे खारिज कर दिया था कि वह पर्याप्त सुरक्षित कभी नहीं हो सकती या वह प्रतिस्पर्धा में पिट जाएगी। सुजुकी की भारतीय कंपनी मारुति सुजुकी के पूर्व प्रमुख जगदीश खट्टर ने हालाँकि इतने कड़े शब्दों में आलोचना नहीं की, लेकिन उन्होंने कहा, ''नैनो अच्छा उत्पाद है, लेकिन यह कहना अभी जल्दबाजी होगी कि वह मारुति-800 से आगे निकाल जाएगी। नैनो का बाजार बिल्कुल अलग है।''

टाटा मोटर्स के कॉरपोरेट कम्युनिकेशंस प्रमुख देवाशीष रे के अनुसार कंपनी ने सुजुकी की चुभने वाली बातों पर जानबूझकर प्रतिक्रिया व्यक्त नहीं की। वह कहते हैं, ''ओसामु सुजुकी उत्पाद के बारे में बिना कुछ जाने हुए बोल रहे थे। हमने अंतिम समय तक प्रतिक्रिया व्यक्त नहीं की। हम कार के प्रदर्शित होने तक उनके बारे में कुछ नहीं बोलना चाहते थे। हमें यकीन था कि कार अपने बारे में खुद बोलेगी।''

समय गुजरने के साथ भी नैनो के प्रति मारुति सुजुकी की नफरत कम नहीं हुई। नैनो के अनावरण के दो साल बाद 10 अप्रैल, 2010 को कंपनी के चेयरमैन

आर.सी. भार्गव ने मिंट अखबार से एक इंटरव्यू में कहा, "मारुति नौ महीने से बाजार में है, लेकिन मुझे उसके बारे में अत्यंत सफल उत्पाद जैसी कोई चर्चा नहीं सुनाई पड़ती। भारी माँग वाली किसी भी कार का एक प्रीमियम होता है। लेकिन नैनो का कोई प्रीमियम नहीं है। इसलिए मेरा मानना है कि इसमें और भी सुधार की जरूरत है। तभी यह लोकप्रिय हो सकती है।" क्या मारुति को 1 लाख रुपए से कम की कार नहीं बनानी चाहिए? इस सवाल के जवाब में उन्होंने कहा, "नहीं, क्योंकि हम इस निष्कर्ष पर पहुँचे कि हमारे लिए यह संभव नहीं है।"

इस तरह के दुर्भाव के एक अपवाद निस्सान-रेनौल्ट के प्रमुख कार्लोस घोस्न थे, जिन्होंने दिल खोलकर नैनो की प्रशंसा की और कहा कि उनकी कंपनी टाटा मोटर्स से बहुत कुछ सीख सकती है तथा अपने उत्पाद को लोकप्रिय बना सकती है। उन्होंने बिजनेस लाइन अखबार से एक इंटरव्यू में कहा, "नैनो बहुत अच्छी पहली संकल्पना है जो इस बात की मिसाल है कि उभरते बाजारों के लिए लोकप्रिय कार कैसी होनी चाहिए। छोटी कार का विकास न केवल भारत, बल्कि अन्य उभरते बाजारों के लिए भी संभावनाओं से भरा हुआ है।" घोस्न ने यहाँ तक कहा कि उनके इंजीनियरों ने यह जानने के लिए नैनो को पता नहीं कितने टुकड़ों में काट डाला कि टाटा मोटर्स ने असंभव को संभव कैसे कर दिखाया। उल्लेखनीय है कि 'सस्ती इंजीनियरिंग' की शब्दावली देने का श्रेय घोस्न को जाता है।

नैनो के बारे में यह भी कहा जाता रहा है कि बहुत अधिक संख्या में बिकने से प्रदूषण में बढ़ोतरी तो होगी ही, भारत की जर्जर शहरी अवसंरचना भी ढह जाएगी। संयुक्त राष्ट्र के नोबेल पुरस्कार विजेता अंत: सरकारी जलवायु परिवर्तन समित के मुखिया राजेंद्र पचौरी ने कहा, "(इस कार के बारे में) मुझे दुःस्वप्न आ रहे हैं।" वह उस कार को कोस रहे थे जो भारत की सड़कों पर एक आम वाहन की तुलना में प्रति मील औसत लगभग 25 प्रतिशत कम कार्बन डाईऑक्साइड का उत्सर्जन करती है। उन्होंने कहा, "मेरे विचार से जहाँ तक परिवहन के विकल्पों का सवाल है, यह नीति का दिवालियापन दरशाती है।" जवाब में रतन टाटा ने कहा कि पचौरी को 'दुःस्वप्न देखने की जरूरत नहीं है'। उन्होंने संकेत किया कि नैनो में भारत के उत्सर्जन मानकों से कहीं आगे का ध्यान रखा गया है।

पर्यावरण के आधार पर नैनो का विरोध मुख्यत: संभ्रांत वर्ग के वे लोग कर रहे थे, जिन्हें आम आदमी के साथ सड़कों पर चलना पसंद नहीं है। रतन टाटा और टाटा मोटर्स को इस मामले में कई हलकों से समर्थन मिला। नैनो के आलोचकों पर

कड़ा प्रहार करते हुए बाल ठाकरे ने कहा, "वाहन से होने वाले प्रदूषण, भीड़भाड़ और ईंधन उत्सर्जन के लिए धनी लोग जिम्मेदार हैं। मध्यवर्ग को क्यों दंडित किया जाना चाहिए···और कार खरीदने के सपने को साकार करने से क्यों रोका जाना चाहिए?"

नैनो का टार्गेट न केवल भारत, बल्कि हर जगह का मध्यवर्ग है। वायर्ड में स्कॉट कार्ने ने लिखा, "नैनो और इस तरह की सस्ती कारों के लिए विश्व बाजार में असीम संभावनाएँ हैं। विश्व बैंक के मुताबिक, 80 करोड़ से अधिक लोग सालाना 3,600 डॉलर और 1,10,000 डॉलर के बीच कमाते हैं। इसमें कोई संदेह नहीं कि एक नैनो स्वतंत्रता, सुरक्षा और सामाजिक गतिशीलता की दिशा में पहला कदम है, लेकिन कई पर्यवेक्षकों को लगता है कि लाखों नैनो से मुश्किलें बढ़ जाएँगी।" कार्ने बेंगलूरु के शहरी भूतल परिवहन आयुक्त गौरव गुप्त को उद्धृत करते हैं, "प्रिंटिंग प्रेस जब यूरोप में आया और हर कोई अचानक बाइबिल खरीदने लगा तो लोगों ने सोचा कि धर्म खत्म हो जाएगा। लेकिन वे गलत साबित हुए। यही बात नैनो पर लागू होती है। इसके आने से कई अन्य लोग कार खरीद सकेंगे। आलोचक भयभीत हैं। लेकिन हम व्यवस्था करेंगे। हमेशा ऐसा ही होता रहा है।"

वायर्ड के आलेख में इस मुद्दे को भी छुआ गया था कि आने वाले वर्षों में नैनो को किस तरह की प्रतिस्पर्धा का सामना करना पड़ सकता है। कार्ने टाटा मोटर्स के पूर्व प्रबंध निदेशक रविकांत का उद्धरण देते हैं, "टाटा मोटर्स के रास्ता दिखाने के बाद अब उसके प्रतिस्पर्धी भी अपनी सस्ती कारों की पेशकश कर रहे हैं। ह्युंडाई ने 3,700 डॉलर वाली कार की घोषणा की है। रेनॉल्ट ने 2011 तक अपनी बेहद सस्ती 400,000 कारें सड़क पर उतारने के लिए भारतीय मोटरसाइकिल निर्माता बजाज से अनुबंध किया है। चर्चा है कि नैनो को मात देने वाली कार बनाने के लिए जनरल मोटर्स चीन की वुलिंग ऑटोमोटिव के साथ काम कर रही है। आज से एक दशक बाद, दुनिया की हर सँकरी गली में अति सस्ती कारों की भीड़ मिलेगी···" ऐसी स्थिति में क्या होगा? कांत का जवाब था, "आप जानते हैं न कि हम बसें भी बनाते हैं? हम उन्हें भी बेचकर खुश हैं।"

जमाने के साथ चलते हुए, नैनो ने साइबरस्पेस का भी ध्यान अपनी तरफ खींचा। ब्लॉगर्स और सर्फर्स कार के प्रभाव, उससे होने वाले परिवर्तन और उसके प्रति पूर्वग्रह की बहस में कूद पड़े। ऑटोइंडस्ट्री.ब्लॉगस्पॉट.कॉम पर एक गुमनाम ब्लॉगर ने लिखा, "मेरे खयाल से नैनो की 50 एम.पी.जी. एक सस्ती कार की बहुत

अच्छी मिसाल है। यह न्यूनतम नुकसान के साथ अपना काम करती है। क्या इस कार के आलोचकों का निहितार्थ यह है कि भारत और चीन के लोग कार न खरीद सकें, ताकि अमेरिकी लोग दुनिया के सबसे बड़े कार्बन डाईऑक्साइड उत्सर्जक के रूप में अपने विशाल ट्रकों और स्पोर्ट्स युटिलिटी वेहिकिल्स को चलाते रहें?

''इतिहास साक्षी है कि मुख्यत: ग्रे सूट पहने बूढ़े लोगों द्वारा संचालित मोटरगाड़ी उद्योग परिवर्तन को अपनाने के बजाय एकजुट होकर उसका प्रतिरोध करता रहा है। जिस तरह 'तीन बड़े देशों' ने 40 साल पहले एशियाई कारों की पहली लहर, जापानी ब्रांडों का विरोध किया था, ठीक उसी तरह वे अपने दिग्गजों के क्लब में भारत के प्रवेश का प्रतिरोध करते रहेंगे। टाटा के लिए स्थापित खिलाड़ियों को चुनौती देने का यह माकूल समय है। एक बार जब इंडस्ट्री नैनो की राह पर चल देगी तो पीछे मुड़ने का सवाल ही पैदा नहीं होगा।''

नैनो विकास कार्यक्रम की आयोजन टीम के वरिष्ठ इंजीनियर अतुल के. वैद्य का अपना नजरिया है कि सामान्य लोगों के लिए नैनो का क्या अर्थ हो सकता है।

वह कहते हैं, ''60 लाख रुपए की मर्सिडिज मात्र कुछ ही लोग खरीद सकते हैं, हालाँकि इसके साथ महँगी कार होने का ग्लैमर जुड़ा हुआ है। नैनो के साथ भी कीमत का ग्लैमर जुड़ा हुआ है, क्योंकि सामान्य आदमी इसे खरीद सकता है और यह महसूस कर सकता है कि वह क्रांति का अंग है।'' वैद्य उन दो विदेशी प्रतिनिधिमंडलों को याद करते हैं जिनमें से एक जर्मनी और दूसरा थाईलैंड का था। इन दोनों ने नैनो चलाने के बाद उसकी भूरि-भूरि प्रशंसा की। 'जर्मनों ने, जो पेंट-शॉप निर्माता थे, अपने देश लौटने के बाद हमें लिखा कि क्या हम उनकी फैक्टरी में पोर्श, अल्फा रोमियो और अन्य कारों के बगल में डिस्प्ले के लिए नैनो भेज सकते हैं।''

इधर, भारत में नैनो जब भी सड़कों पर निकलती, लोग मुड़-मुड़कर उसे देखते। टाटा मोटर्स में कस्टर सपोर्ट प्रमुख विक्रम सिन्हा याद करते हैं कि 2008 के शुरू में एक्सपो में अनावरण के बाद जब वह और उनकी टीम सात दिनों के लिए 5,000 किमी की टेस्ट ड्राइव पर निकली तो किस तरह नैनो पर लोगों की नजर थम जाती थी। सिन्हा कहते हैं, ''तीन नैनो में हम पाँच कस्टमर-केअर इंजीनियर थे। यात्रा के बीच-बीच में अन्य लोग भी हमसे जुड़ते गए।'' यह यात्रा सिन्हा और उनके सहकर्मियों के लिए मजेदार रही। वे जिस कस्बे या शहर में रुकते, नैनो के इर्द-गिर्द लोगों की भीड़ जमा हो जाती। ''बच्चे चिल्लाकर कहते, 'नैनो आई, नैनो

आई' और हर कोई कार की एक झलक पाने के लिए दौड़ पड़ता। यह हमारे लिए कल्पनातीत अनुभव रहा।''

कस्टमर-केअर टीम खुद यह अनुभव करना चाहती थी कि भारतीय सड़कों पर नैनो का प्रदर्शन कैसा रहेगा। सो, तीनों कारों के बेड़े को पहाड़ी रास्तों, मैदानी इलाकों, अच्छे एवं खराब मौसम, दूरदराज की देहाती सड़कों और हाईवे पर चलाया गया। सिन्हा कहते हैं, ''पुणे से शुरुआत कर हम अहमदाबाद, जयपुर, दिल्ली, चंडीगढ़, अमृतसर, अंबाला, नैनीताल और रानीखेत होते हुए दिल्ली गए। हम एक दिन में 500-1,000 किमी की दूरी तय करते थे। किसी भी कार में कोई समस्या पैदा नहीं हुई, लेकिन हमने उनमें सुधार की काफी गुंजाइश देखी।''

टीम ने टेस्ट ड्राइव को गोपनीय रखा और पब्लिसिटी से बचने की कोशिश की। सिन्हा कहते हैं, ''ज्यादातर जगहों पर स्थानीय मीडिया हमारे पास आ जाती थी। जब हम कार को अमृतसर के स्वर्ण मंदिर ले गए तो लोगों ने हमें घेर लिया। हमने इस यात्रा का इस्तेमाल अपने कुछ डीलरों से मिलने और उन्हें कारें दिखाने में किया।'' पुणे स्थित शोरूम पंडित ऑटो, जो 1960 के दशक से टाटा मोटर्स के उत्पाद बेच रही है, के अरुण वार्तक उन डीलरों में से थे जिनसे सिन्हा और उनकी टीम ने बातचीत की। वार्तक कहते हैं, ''हमने दिल्ली ऑटो एक्सपो में नैनो को देखते ही उसकी डीलरशिप लेने का फैसला कर लिया था। हमें कोई संदेह नहीं था कि यह अच्छा बिजनेस नहीं करेगी।''

पंडित ऑटो कोई 30 नैनो बेच चुका है। अगर टाटा मोटर्स के सामने उत्पादन की समस्या नहीं आती तो यह संख्या कई गुना अधिक होती। वार्तक कहते हैं, ''कार के बारे में बहुत अच्छी प्रतिक्रिया रही है। लोग जल्दी-से-जल्दी अपनी कार की डिलिवरी चाहते हैं। वे इसे अपने पड़ोसियों और दोस्तों को दिखाने के लिए उत्सुक हैं। जिन लोगों ने कार खरीदी है, वे खुश हैं, हालाँकि हमें कुछ सुझाव भी मिले हैं, कुछ लोगों की नाराजगी भी दूर करनी पड़ी है। शुरुआती चरण में कुछ लोगों को आशंका थी कि कार को ऊँचाई पर चढ़ने में परेशानी होगी। लेकिन इस बारे में हमें अभी तक कोई शिकायत नहीं मिली है। हम अधिक-से-अधिक कारें बेचना चाहते हैं। हम सड़कों पर और अधिक नैनो देखना चाहते हैं।''

वापी, गुजरात स्थित राठौड़ मोटर्स के मालिक अमित राठौर नैनो और लोगों पर उसकी छाप के बारे में वार्तक के विचारों से सहमत हैं। राठौर को, जो चार वर्षों से टाटा मोटर्स के डीलर हैं, डेमो कार चलाने के बाद यकीन हो गया था कि उनके

जैसे डीलरों और सामान्य खरीददारों के लिए नैनो आर्थिक रूप से उपयोगी है। वह कहते हैं, ''एक शब्द में कहें तो यह क्रांति है। यह पैसे का पूरा मूल्य अदा करती है। यह अपनी कीमत के हिसाब से एक अनूठा उत्पाद है।''

राठौर का शोरूम वापी के एक मुख्य रोड पर है और जिस दिन पहली नैनो ट्रेलर से उतारी जा रही थी वहाँ भारी जाम लग गया था। राजेंद्र पचौरी और उनके जैसे लोग भले ही नैनो के खिलाफ आवाज उठा रहे थे, लेकिन लोग उनकी बातों को झुठला रहे थे। राठौर कहते हैं, ''मैं जब से इस बिजनेस में हूँ, मैंने एक कार के प्रति इस तरह का जुनून, इस तरह का उन्माद कभी नहीं देखा। हमारे पास ऐसे भी लोग आए जो मर्सिडिज या बी.एम.डब्लू. के साथ नैनो खरीदना चाहते थे। नैनो रखना प्रतिष्ठा का मामला बन गया है।''

इस तरह की खबरों से नैनो डेवलॅपमेंट प्रोग्राम के लीडर गिरीश वाघ का दिल बाग-बाग हो उठा है। वह कहते हैं, ''ऐसा लगता है कि लोग आमतौर पर कार से खुश हैं। हमारे ग्राहकों ने इसके भीतर की जगह, इसके पिकअप और इसकी एयर कंडीशनिंग को बहुत संतोषजनक पाया है। यह अच्छी बात है। लेकिन कार प्रेमियों और पत्रकारों ने कुछ बिंदुओं की तरफ इशारा किया है, जिन्हें सुधारना है। हम जानते थे ये बिंदु सामने आएँगे, इसलिए हमने उन पर, खासकर परिष्करण के समग्र स्तर पर काम किया है।''

मुंबई में भारत सरकार के सीमा शुल्क एवं केंद्रीय उत्पाद शुल्क विभाग के अधिकारी अशोक विचारे ने 2009 की गरमियों में कुछ हफ्ते सेलिब्रिटी का जीवन जिया जो भारत के क्रिकेट नायकों और बॉलीवुड सितारों को ही नसीब होता है। उन्हें लॉटरी में बिलकुल पहली नैनो, जो सिल्वर कलर्ड मॉडल की थी, मिली थी। लॉटरी में 200,000 लोगों ने भाग लिया था। यह कहना कि इस भाग्यशाली घटना ने विचारे के जीवन को बदल दिया, अतिरंजना होगी। लेकिन इसने उन्हें 15 मिनट की प्रसिद्धि जरूर दी।

कार के महँगे संस्करण, जिसकी कीमत 1.85 लाख रुपए थी, को फाइनैंस कराने के लिए भारतीय स्टेट बैंक से ऋण लेने वाले विचारे कहते हैं, ''मैंने बिना किसी टेस्ट ड्राइव के नैनो खरीदी; रतन टाटा की कार में मुझे पूरा भरोसा है। मैं अपनी नैनो से बहुत प्यार करता हूँ। मेरे सिवाय एक मौके पर मेरी बेटी ने भी इसे चलाया है। मैं इसे किसी को धोने तक नहीं देता। मैं यह काम खुद करता हूँ।'' यह विचारे की पहली कार है। वह कहते हैं, ''यह सस्ती है, यह सुंदर है।''

मध्य-वर्ग के विचारे यह भी बताते हैं कि लॉटरी में नैनो मिलने के बाद उन्होंने इसे चलाने के हर क्षण का आनंद लिया है। "मेरे पास बड़ी संख्या में मीडिया के लोग आने लगे। उनमें से कई अमेरिका, फ्रांस और जर्मनी जैसे देशों के थे। शुरू-शुरू में, ट्रैफिक सिग्नल पर कार के चारों तरफ भीड़ जुट जाती थी। एक बार एक सख्त पुलिसकर्मी ने भीड़ हटाने के लिए मुझे कार के साथ आगे बढ़ने को कहा। मैं रिश्तेदारों, पड़ोसियों, हर किसी के लिए आकर्षण का केंद्र था। जिस दिन मैं कार घर ले आया, मेरी कॉलोनी में जाने वाली सड़क पर लोगों की भीड़ लग गई थी।"

भारतीय रिजर्व बैंक के सेवानिवृत्त अधिकारी हरीश दयाराम ठाकुर ने अपनी मारुति-800 बेचने के नौ साल बाद नैनो खरीदी। मुंबई के पुराने निवासी ठाकुर कहते हैं, "हालाँकि मुझे टैक्सी और ऑटोरिक्शा से जाने-आने में कोई परेशानी नहीं थी, लेकिन नैनो आने के बाद मैंने उसे खरीदने का फैसला किया। आखिरकार, यह टाटा कार थी और इसकी कीमत केवल 1 लाख रुपए थी।" ठाकुर ने बुकिंग के अंतिम दिन नैनो बुक कराई थी और जुलाई 2009 के पहले हफ्ते में डीलर से उनके पास फोन आया कि उन्हें कार आवंटित हो गई है। इस मामले में वह खुशकिस्मत निकले। ठाकुर कहते हैं, "मैं रोमांचित हो उठा। मैंने टेलीविजन और अखबारों के सिवाय और कहीं भी नैनो नहीं देखी थी।"

नवी मुंबई के निवासी 45 वर्षीय अरुण केजकर, जो आधार-तंत्र वाली एक कंपनी में अकाउंटेंट हैं, ने भी नैनो लॉटरी में अपनी किस्मत आजमाने का फैसला किया और अंतिम दिन बुकिंग कराई। लेकिन उन्हें कार के लिए इंतजार नहीं करना पड़ा। वह पहली बार कार के मालिक बने। जब वह कहीं नैनो से जाते, तो लोगों का ध्यान अपने आप उनकी तरफ चला जाता। वह कहते हैं, "एक देर शाम जब मैं एक पंप पर पेट्रोल भराने के लिए रुका तो अँधेरा और बारिश होने के बावजूद कार के इर्द-गिर्द 25-30 लोगों की भीड़ जुट गई। हमें पेट्रोल डालने की जगह नहीं मिल रही थी। हर आदमी उसे ही खोज रहा था। अंत में पेट्रोल भरने वाले अटेंडेंट ने बॉनेट खोला जहाँ उसे वह जगह मिली।"

केजकर के भाई उन्हें सेकेंड-हैंड कार खरीदने के लिए कह रहे थे। लेकिन वह नहीं खरीद रहे थे। वह कहते हैं, "मैं नई कार चाहता था और मुझे इस्तेमालशुदा कार की कीमत पर नैनो मिल रही थी।" उनकी कार का रूप-रंग उनके लिए बोनस था। वह कहते हैं, "हमारे घर के पास मेरे भाई के एक दोस्त का कार शोरूम था। जब उसने सुना कि मुझे नैनो आवंटित हुई है तो वह दो दिनों के लिए अपने शोरूम

में उसके प्रदर्शन पर जोर देने लगा। उसका मकसद इसी बहाने लोगों को आकर्षित करना था।'' केजकर कार लेकर जब घर आ रहे थे तो एक टॉल प्लाजा के कर्मचारी ने उनसे माफी माँगते हुए कहा, ''यदि मेरे वश में होता तो मैं नैनो के लिए शुल्क नहीं लेता।''

विचारे, ठाकुर और केजकर के विपरीत, बेंगलूरु स्थित सॉफ्टवेअर इंजीनियर भारत ब्रह्मकल ने अपने पिता के लिए नैनो खरीदी। उन्होंने एक इंटरव्यू में कहा, ''बेंगलुरु में नैनो पाने वाला मैं पहला व्यक्ति था। मैंने शहर में इतना ध्यान आकर्षित करने वाली कोई कार नहीं देखी है।'' मुंबई स्थित बिजनेस मैनेजर सुमित सुकुमार को नैनो के इर्द-गिर्द जुटने वाली भीड़ पसंद नहीं है। वह कहते हैं, ''मैं कभी-कभी भयभीत हो जाता हूँ। लोग कार को घेर कर तरह-तरह के सवाल करने लगते हैं।''

चेन्नई निवासी दयानंद राव नैनो की आलोचना से खुश नहीं थे। एक इंटरव्यू में उन्होंने कहा, ''रतन टाटा ने निम्न-आयवर्ग के लिए कार खरीदना संभव बना दिया है।'' मुंबई के अनिल अब्राहम ने कहा, ''मुझे यह देखकर खुशी होती है कि लोग मेरी कार के साथ फोटो खिंचवाना चाहते हैं। और दिल्लीवासी कुलदीप कुमार का कहना था कि वह ''नैनो के कारण मशहूर हो गए हैं''। जयपुर के छात्र निखिल नतानी का नैनो खरीदने का खुमार अभी तक नहीं उतरा है। उन्होंने कहा, ''ऐसा लगता है कि सारी दुनिया हमें देख रही है।''

रमेश बाबू हैदराबाद से 400 किमी दूर एक छोटे से कस्बे तनाकू के जाने-माने लोगों में इसलिए शुमार हो गए हैं कि उनके पास नैनो है। उन्होंने कहा, ''मैं अपनी पब्लिसिटी से अभिभूत हूँ।'' कोलकाता के तपन दत्ता ने कहा कि उन्होंने सिंगूर में बनी हुई नैनो को वरीयता दी होती, लेकिन कार खरीदने वाले शहर के पहले लोगों में शामिल होने के कारण उनकी खुशी कम नहीं हुई है। हैदराबाद के उमेश त्रिवेदी ने कहा कि उनके बड़े परिवार के आठ सदस्यों ने नैनो बुक की थी, लेकिन अभी तक वह ही खुशकिस्मत निकले हैं। कार के लिए उन्हें मिली सर्वोत्तम बधाई? ''मैं एक रात अपने दोस्तों के साथ घूमकर वापस आ रहा था कि एक ऑडी फर्राटे से आगे निकल कर रुक गई। कार का मालिक बाहर निकलकर हमें रुकने का इशारा किया। वह मेरी नैनो को करीब से देखना चाहता था।''

जिन लोगों का दिल नैनो पर आया, उनमें से कइयों के लिए कीमत एक महत्त्वपूर्ण कारक रही है। लेकिन कुछ परिस्थितियों में कीमत के अलावा भी खर्च

करना पड़ सकता है। मसलन, मुंबई के एक उपनगर में रहने वाले राजेश ठुकराल नैनो खरीदना चाहते हैं। लेकिन उन्हें अपनी हाउसिंग सोसाइटी में पार्किंग की जगह के लिए जो कीमत चुकानी है वह कार की कीमत से अधिक है। मुंबई के एक अन्य निवासी विराल शाह की भी यही स्थिति है जिन्हें नैनो और उसकी पार्किंग के लिए 3.22 लाख रुपए की व्यवस्था करनी होगी।

ह्युंडाई, निस्सान-रेनौल्ट, मारुति सुजुकी, जनरल मोटर्स, महिंद्रास और चीन की चेरी उन कंपनियों में से हैं जो नैनो का मुकाबला करने के लिए अपनी सस्ती कारें बनाने की सोच रही हैं। लेकिन उस मोटर कार का क्या होगा, जिसका क्रयशक्यता समीकरण इक्वेशन उसी के सिर पड़ गया है? डीजल नैनो, हाइब्रिड नैनो, यहाँ तक इलेक्ट्रिक नैनो की चर्चा पहले से हो रही है। कंपनी ब्रिटेन सहित यूरोप के अन्य देशों, अमेरिका और ऑस्ट्रेलिया के लिए भी नैनो जैसी छोटी कार पर काम कर रही है।

टाटा मोटर्स ने 2009 के जेनेवा मोटर शो में नैनो यूरोपा मॉडल का अनावरण किया था। बताया जाता है कि यह मॉडल भारत में बिक रही स्टैंडर्ड नैनो से कई मामलों में श्रेष्ठ है। यह अधिक मजबूत एवं आरामदेह, (सुरक्षा नियमों को पूरा करने के लिए) और अधिक लंबी एवं चौड़ी है, जिसका पहियों का आधार अपेक्षाकृत बड़ा, इंजन नया एवं टर्बोचार्ज्ड, ब्रेक प्रणाली बेहतर और भीतर-बाहर का स्वरूप उन्नत हैं। टाटा मोटर्स के अधिकारियों ने बताया कि नैनो यूरोपा फरवरी 2012 तक यूरोप में बिकने लगेगी। और रतन टाटा को यह कहते हुए उद्धृत किया गया कि इस कार के और भी संस्करण आएँगे। उन्होंने कहा, "मेरे खयाल से वे दिन लद गए जब एक क्षेत्र विशेष को ध्यान में रखकर कोई कार डिजाइन की जाती थी। अब सीमाएँ नहीं रहीं।"

आने वाले दिनों में, अमेरिका नैनो के लिए अच्छा बाजार साबित हो सकता है। रतन टाटा ने 2009 के शुरू में कहा था, "हम अमेरिका में संभावनाएँ तलाश रहे हैं। नैनो यूरोपा की तर्ज पर बने एक नमूने पर काम हो रहा है, जो अमेरिकी सुरक्षा एवं उत्सर्जन मानकों को पूरा करेगी।" लेकिन टाटा मोटर्स के चेयरमैन ने यह भी कहा कि इसे उस समय तक इंतजार करना होगा जब तक कि भारत और फिर यूरोप में नैनो अपने को साबित नहीं कर देती। "शुरू में हमने भारत के बाहर नैनो बेचने की योजना नहीं बनाई थी, सिवाय अफ्रीका और दक्षिण पूर्व एशिया के कुछ

विकासशील देशों के। लेकिन हम माँग में बदलाव से प्रेरित होते रहे हैं। हमने अचानक महसूस किया कि यूरोप और अमेरिका के लोग भी इसमें दिलचस्पी ले सकते हैं। हालाँकि नैनो से उन देशों में भारत जैसा उद्देश्य पूरा नहीं होगा, लेकिन उसकी अपनी विशिष्ट जगह तो बन ही सकती है।

"एक साल पहले, इस कार को अमेरिका ले जाने में मेरी दिलचस्पी नहीं रही होती। लेकिन अब मैं सोचता हूँ कि वहाँ एक छोटी, सस्ती, कम ईंधन खाने वाली कार के लिए अवसर है। हम अमेरिका के लिए एक मॉडल के डिजाइन पर काम कर रहे हैं। हमें उम्मीद है कि यह तीन साल के भीतर बाजार में होगा। लेकिन अभी बहुत कुछ किया जाना बाकी है। सबसे महत्त्वपूर्ण चीज उसे त्रुटिहीन बनाना है, क्योंकि अमेरिकी बाजार कोई खामी बरदाश्त नहीं करता।"

ऐसी अटकलें हैं कि अमेरिका के लिए टाटा की छोटी कार मिनी वैन और कनवर्टिबल हो सकती है। गिरीश वाघ ने 2009 के मध्य में मीडिया से कहा भी था, "ऐसा हो सकता है। रिइंजीनियरिंग के जरिए नैनो के आकार-प्रकार में बदलाव किया जा सकता है।" इस बीच, टाटा मोटर्स के इंजीनियरों ने ब्रिटेन के मोटर इंडस्ट्री रिसर्च एसोसिएशन (एम.आई.आर.ए.) में नैनो यूरोपा का इस बात के लिए परीक्षण किया कि सामने या बगल से टक्कर होने पर उसे कितना नुकसान हो सकता है। ये परीक्षण ब्रिटेन की वेहिकिल सर्टिफिकेशन अथॉरिटी के एक इंस्पेक्टर की निगरानी और कई ऑटो पत्रिकाओं के पत्रकारों की उपस्थिति में किए गए थे।

टाटा मोटर्स यूरोपियन टेक्निकल सेंटर के प्रबंध निदेशक क्लाइव हिकमैन ने कहा, "हमने ये परीक्षण भारत में किए थे, इसलिए हम जानते थे कि कार उनमें सफल होगी। फिर भी हमारे लिए यह महान् क्षण था।" नैनो यूरोपा की कीमत क्या होगी? "हम बाजार विशेष और अफोर्डबिलिटी के बीच समुचित संतुलन बनाने की कोशिश कर रहे हैं। यह संतुलन अर्थशास्त्र और सुरक्षा के उस सर्वोच्च स्तर के बीच का है जिसे हम हासिल कर सकते हैं।"

रतन टाटा ने कहा है कि टाटा मोटर्स संभवत: 2012 या 2013 में नैनो यूरोपा लॉन्च करेगी। यह संस्करण भारतीय नैनो से बहुत भिन्न होगा। भारतीय मॉडल के निर्माण में जिन विशिष्टताओं को छोड़ दिया गया था, उन्हें इसमें शामिल करना होगा। कंपनी ने अभी तक सिर्फ इस बात की पुष्टि की है कि यूरोपीय नैनो में अधिक शक्तिशाली इंजन, पाँच-स्पीड मैनुअल ट्रांसमिशन और कुछ लग्जरी टच होंगे।

एशिया, अफ्रीका और लैटिन अमेरिका के विकासशील देशों के लिए नैनो विकसित करना निश्चित रूप से अधिक आसान होगा। प्रोग्राम में अब भी गंभीरता से शामिल गिरीश वाघ संकेत करते हैं कि इसे नैनो की संकल्पना के विकास के रूप में देखा जा सकता है। वह कहते हैं, ''आज की नैनो उस विकास का एक अंग है। आज जो कार हम देखते हैं, वह निश्चित रूप से संकल्पना की हुई नैनो नहीं थी। कुछ भी स्पष्ट नहीं था, कोई बेंच मार्क नहीं था, कोई निर्धारित लाइन नहीं थी। हम बाजार के एक तबके की जरूरत को पूरा करने के लिए केवल एक सस्ती कार बनाना चाहते थे। इसीलिए, हम वर्तमान नैनो में कई चीजों पर अब भी काम कर रहे हैं। यह सामान्य बात है और ऐसे उत्पाद को उसके जीवनचक्र भर के लिए नया और जिंदा रखने के लिए किया जाता है।''

वाघ का मानना है कि नैनो को विकासशील देशों के साथ-साथ विकसित देशों में भी जगह मिलेगी। वह कहते हैं, ''हम फिलहाल विभिन्न रेगुलेटरी जरूरतें पूरी करने के लिए कार को उन्नत बना रहे हैं। इसका अर्थ है, सुरक्षा, उत्सर्जन और परफॉर्मेंस की दृष्टि से कार में सुधार लाना। सो, हम नए पॉवर ट्रेन ला सकते हैं, हम उसके सस्पेंशन में सुधार कर सकते हैं आदि-आदि।'' क्या उनके विचार से वॉक्सवैगन बीटल की तरह नैनो ग्लोबल कार बन सकती है? वाघ इस सवाल का कोई स्पष्ट जवाब नहीं देते। वह केवल इतना ही कहते हैं, ''हमारी पहली जिम्मेदारी उन सभी उम्मीदों को पूरा करना है जो भारतीय बाजार में उठाई गई हैं।''

उनका यह भी कहना है कि दुनियाभर में नैनो की सफलता के लिए टाटा मोटर्स को उस ग्राहक और बाजार को समझना जरूरी है जहाँ वह उसे बेचना चाहती है। ''हमें विभिन्न बाजारों की विशिष्ट जरूरतों को पूरा करने के लिए प्रोडक्ट में बदलाव लाना होगा।''

टाटा मोटर्स और उसके कर्मचारी जिस दुनिया को जानते थे, वह दिल्ली ऑटो एक्सपो 2008 के बाद से बदल चुकी है। तब से संगठन और उसके साथ जुड़े हर किसी के लिए पहले वाली बात नहीं रही। नैनो निश्चित रूप से इस बदलाव के केंद्र में रही है, लेकिन टाटा मोटर्स की कहानी महज उसकी छोटी कार तक सीमित नहीं है। उसमें बहुत कुछ है।

□

nano

7

छोटी नैनो की, छोटी सी कहानी

अलग-अलग लोगों के लिए नैनो के अलग-अलग अर्थ हैं। लेकिन ज्यादातर लोगों के लिए इसका अर्थ अच्छा सौदा है। कीमत की बात दरकिनार, विशेषताओं, सुविधाओं, ऐक्सेसरीज, सेवा-प्रदाता और यात्रा-गुणवत्ता के मामले में यह शानदार है। इंजीनियरों और छोटी-कार डेवलॅपमेंट प्रोग्राम से जुड़े अन्य लोगों की लगन से इतनी कम कीमत पर बनी नैनो बाहरी व्यक्तियों को छोटा-मोटा चमत्कार लग सकती है। प्रोजेक्ट में करीब से झाँकने पर इंजीनियरिंग, प्रक्रिया और संगठन के स्तर पर अनूठी सोच और श्रमसाध्य क्रियान्वन की झलक मिलती है। यही कारण है कि नैनो एक शानदार मोटरकार बन पाई है।

टाटा मोटर्स ने छोटी-कार डेवलॅपमेंट प्रोजेक्ट से संबंधित 37 पेटेंट आवेदन और 31 डिजाइन आवेदन दाखिल किए हैं। यह जनरल मोटर्स को औसत हर साल दिए जाने वाले 200 से अधिक पेटेंटों की तुलना में कम प्रभावशाली लग सकता है। लेकिन पेटेंटों की संख्या किसी कंपनी की नवीन सोच का एकमात्र पैमाना नहीं होती। नैनो प्रोजेक्ट की विशेषता उसकी रचनात्मकता थी। वर्तमान, पेटेंटशुदा उपस्करों और टेक्नोलॉजी को लेकर उनमें छोटी कार के अनुरूप बदलाव किया गया। मिसाल के तौर पर, नैनो के मॉड्युलर डिजाइन को लीजिए जो इसे एक ऐसे माहौल में विशिष्ट बनाती है जहाँ ऑटोमोबाइल डिजाइन संतृप्ति के बिंदु तक पहुँच गया लगता है।

टाटा मोटर्स के चेयरमैन रतन टाटा वितरित निर्माण की अवधारणा पर लंबे

समय से चल रहे थे। यह पेटेंट न कराए जाने लायक विचार की अन्य मिसाल है। इस अवधारणा के तहत—जिसे फिलहाल ठंडे बस्ते में डाल दिया गया है, लेकिन भविष्य में इसका इस्तेमाल किया जा सकता है—स्थानीय उद्यमियों को नैनो का संयोजन करना था। पुर्जों का निर्माण विभिन्न जगहों पर अलग-अलग किया जाना था। कार स्थानीय उद्यमियों द्वारा 'नैनो किट्स' में बेची, वितरित, संयोजित और सर्विस की जानी थी।

रतन टाटा ने 2008 के मध्य में लंदन के अखबार द टाइम्स से एक इंटरव्यू में वितरित-निर्माण की अवधारणा की व्याख्या की थी। उन्होंने कहा था, "उद्यमियों की एक टीम संयोजन कार्य की स्थापना करेगी और टाटा मोटर्स उनके लोगों को प्रशिक्षण देगी, उनकी गुणवत्ता पर नजर रखेगी और वे हमारे लिए सैटेलाइट असेंबली ऑपरेशन के रूप में काम करेंगे। हम बड़े पैमाने पर आइटमों का उत्पादन करेंगे और उन्हें किट के रूप में भेजेंगे। इस तरह, हम देशभर में कार बनाने वाले उद्यमियों का सृजन करेंगे। धन में दूसरों को हिस्सेदार बनाने का यह मेरा विचार है। सेवा प्रदाता बीमा एजेंट की तरह होगा जिसे प्रशिक्षण दिया जाएगा, उसके पास एक सेलफोन और स्कूटर होगा और उसे ग्राहकों के एक निर्धारित समूह को सर्विस देनी होगी।" रतन टाटा ने मौजूदा ऑटो शॉप या दूरदराज के इलाकों के नए गैराजों में कार के संयोजन के लिए स्थानीय मैकेनिकों को औजार मुहैया कराने की भी बात कही थी।

लेकिन इस विचार को अमलीजामा नहीं पहनाया जा सका, क्योंकि बाजार में उतारी जाने वाली नई कार की गुणवत्ता बहुत अहम् चीज होती है। नैनो प्रोजेक्ट की निर्माण आयोजन टीम के वरिष्ठ मैनेजर संतोष बन्नुर कहते हैं, "हमने उनसे (रतन टाटा से) कहा कि हम इस अवधारणा के बारे में पूरी तरह से आश्वस्त नहीं हैं। हमारी प्रतिक्रिया से वह चिंतित हो गए। यह उन कुछ मौकों में से एक था जब उन्होंने अपनी चिंता व्यक्त की। उन्होंने कहा, 'इंजीनियरिंग के परिप्रेक्ष्य में हम इस अवधारणा को क्रियान्वित कर सकते हैं, लेकिन चूँकि हर व्यक्ति इसके बारे में आश्वस्त नहीं है, इसलिए मैं आप लोगों को जबरदस्ती ऐसा काम करने के लिए नहीं करूँगा'।"

लेकिन चेयरमैन ने पहले ही तय कर दिया था कि छोटी-कार की कीमत 1 लाख रुपए होगी। विकास टीम ने इसे स्वीकार कर लिया था, इसलिए वह इस सीमा के बाहर नहीं जा सकती थी। इस बात में कोई संदेह नहीं कि करनी से कथनी

आसान होती है। लिहाजा, नैनो टीम को हर पुर्जा एक निश्चित कीमत के भीतर खरीदने के लिए बहुत संघर्ष करना पड़ा। टीम के सामने रचनात्मक बनने के सिवाय कोई विकल्प नहीं था।

इंजन : नैनो का यह दिल कार के सबसे महँगे पुर्जों में से एक है। 624 सी.सी. और 35 बी.एच.पी. वाले इस इंजन में जर्मन कंपनी बोस द्वारा निर्मित इंजन मैनेजमेंट सिस्टम (ई.एम.एस.) लगा है। इसके अतिरिक्त, एक सामान्य कार की तुलना में इसमें कम सेंसर और अवयव लगे हैं। ई.एम.एस. आज की कारों का अहम अंग है। यह दरअसल कंप्यूटर होता है जो इंजन के हर पहलू को संचालित करता है। मशीनरी का यह जटिल पुर्जा महँगा होता है। नैनो टीम ने छोटी-कार के ई.एम.एस. की कीमत घटाने के लिए बोस के साथ ओवरटाइम काम किया। छोटी-कार के इंजन में कम लागत पर उच्च टेक्नोलॉजी और स्मार्ट पैकेजिंग का इस्तेमाल किया गया है। यह कार को अधिकतम 105 किमी प्रति घंटा की रफ्तार तक ले जा सकता है। कार की रफ्तार इससे अधिक नहीं हो सकती। इंजन भारत में उत्सर्जन के सभी नियायक नियमों को भी पूरा करता है।

इंजन लेआउट: नैनो इंजन का डिजाइन इस तरह तैयार किया गया है कि उसे कार के पिछले हिस्से में लगाया जा सके। इंजन को अनूठे तरीके से ढंका गया है जिससे उसके पीछे लगे होने का पता नहीं चलता (इंजन के परिक्रमण की गति बढ़ाने पर थोड़ा शोर जरूर होता है)। पिछली सीट के नीचे होने के कारण इंजन तक पहुँचना थोड़ा मुश्किल हो सकता है, लेकिन कार के भीतर पर्याप्त जगह बनाकर इसकी क्षतिपूर्ति की गई है। यही वजह है कि नैनो का केबिन स्पेस मारुति-800 की तुलना में 21 प्रतिशत अधिक है। सिंगल काउंटर-बैलेंसर-इक्विपमेंट, जैसाकि इसे कहा जाता है, दुनिया में अपनी तरह का अकेला है।

डैशबोर्ड, मिरर, फ्यूल इनलेट और वाइपर: नैनो में लगा मूल इंस्ट्रूमेंटेशन पैनल जगह और लागत की बचत करने वाली डिजाइनिंग का सुंदर नमूना है। पैनल में एक स्पीडोमीटर, एक ओडोमीटर एवं एक डिजिटल फ्यूल गॉज लगा है और सुरक्षा की दृष्टि से उसके किनारों को चिकना तथा गोल बनाया गया है। इसके अतिरिक्त, उसमें छोटा-मोटा सामान रखने के लिए एक स्टोरेज भी है। नैनो में पैसेंजर साइड पर रियर-व्यू मिरर नहीं लगा है (इसे विकल्प के तौर पर लगवाया

जा सकता है)। लागत को ध्यान में रखते हुए फ्यूल फिलर कैप कार की नोज के नीचे लगाई गई है जिससे साइड में छेद करने की जरूरत नहीं पड़ी। नैनो के सिंगल-पीस वाइपर से भी लागत में बचत होती है।

बॉडी : छोटी कार की हलकी शीट-मेटल बॉडी से लागत में बहुत अधिक बचत होती है। पर्याप्त संकुचन क्षेत्र, अनुचित प्रवेश रोधी दरवाजों और सामने अतिरिक्त टायर रखने की जगह होने से नैनो एक से अधिक पहलुओं में बाजी मार ले जाती है। टाटा मोटर्स के इंजीनियरों का कहना है कि नैनो की बॉडी परंपरागत कार की तुलना में अधिक मजबूत है, क्योंकि वह मोटरसाइकिल में इस्तेमाल होने वाले मोनोकोक और स्पेस फ्रेम के मिश्रण से बनी है। दूसरी कारों की तुलना में नैनो के बंपर पतले हैं, रियर ग्लास बेहतर सुरक्षा के लिए बॉडी से जुड़ा हुआ है और उसकी छत कार के स्वरूप को बेहतर बनाने तथा समूचे ढाँचे को मजबूती देने के लिए उभरी हुई बनाई गई है।

पहिए : छोटी कार के पहिए कम लागत वाली मिश्रधातु से बने हैं। उनमें परंपरागत चार के बजाय तीन नट और टायर ट्यूबविहीन होते हैं। नैनो के पहिए छोटे और हलके होते हैं। इससे लागत में कमी तो आती ही है, छोटी कार की गुणवत्ता भी बढ़ जाती है। अगले और पिछले टायरों के आकार में अंतर होने के कारण कार को बेहतर संतुलन मिलता है। छोटे पहियों और भार कम होने का अर्थ है, पॉवर स्टियरिंग की कमी न खलना।

अंदर का भाग : नैनो के भीतर काफी जगह देने से इसकी मैन्युफैक्चरिंग लागत में वृद्धि नहीं हुई है। कार के हेडरेस्ट इसके लंबर सपोर्ट से जुड़े हुए हैं। इसके कारण कम पुर्जे लगे हैं और लागत में कमी आई है। सामने सीटें एक रेल पर लगी हुई हैं जिन्हें क्षैतिज रूप से खिसकाया जा सकता है। इस तरह, ये बगल से टक्कर होने पर उसके प्रभाव को निष्प्रभावी बना देने वाले सुरक्षा उपकरण का काम करती हैं, और केबिन फ्लोर एक ऐसे मैटेरियल से ढँका हुआ है जो अंडरबॉडी के क्षरण को रोकता है। गिअर लिवर, कप होल्डर और पॉवर विंडो स्विच इस तरह से डिजाइन किए हुए हैं कि संयोजन में न्यूनतम समय लगे। नैनो के विंडो वाइंडिंग मैकेनिज्म और डोर-हैंडलिंग मैकेनिज्म दोनों की लागत इसी तरह की अन्य कार की तुलना में कम आती है।

अन्य विशेषताएँ : नैनो में बिजली की फिटिंग्स और इलेक्ट्रॉनिक कल-पुरजे न्यूनतम हैं जिससे लागत में बचत हुई है। कार की हेडलाइटें मुख्यधारा की किसी भी कार की तुलना में संभवतः सबसे सस्ती हैं। लागत के मामले में इसकी लेड एसिड बैटरी की भी यही विशेषता है।

नैनो की विशेषताओं में उसकी कीमत सर्वोपरि है। जैसाकि एक विशेषज्ञ ने संकेत किया, "छोटी कार की लागत पश्चिम की किसी लग्जरी कार में लगने वाले डी.वी.डी. प्लेयर की कीमत के लगभग बराबर है।" लागत की बात छोड़िए, सादगी जैसे छोटे मामले में भी नैनो किसी से कम नहीं है। आज की 'उन्नत मोटर कारों' में जिन चीजों पर ध्यान नहीं दिया जाता है, वे नैनो की इलेक्ट्रॉनिक्स में इस तरह अंतः स्थापित हैं कि ग्राहकों को पता नहीं चलता। तुलनात्मक रूप से नैनो बेसिक है जो उसके फायदों में से एक है।

कीमत और मॉडल : नैनो के तीन मॉडल हैं—स्टैंडर्ड, सी.एक्स. और एल.एक्स.। इनकी कीमत 1.20 लाख रुपए से लेकर 1.80 लाख रुपए है। तीनों मॉडल आराम, बाह्य और आंतरिक भाग और सुरक्षा के मामले में एक-दूसरे से भिन्न हैं। तीन रंगों में आने वाली स्टैंडर्ड मॉडल में सिंगल-टोन सीटें और एक फोल्ड-डाउन सीट होती है। छह रंगों में आने वाली सीएक्स मॉडल में हीटिंग एवं एयर कंडीशनिंग, टू-टोन सीटें, एक पार्सल शेल्फ, बूस्टर-असिस्टेड ब्रेक्स और नैप रेस्ट के साथ एक पीछे मुड़नेवाली सीट होती है। एल.एक्स. मॉडल में सी.एक्स. की विशेषताओं के साथ फेब्रिक सीटें, सेंट्रल लॉकिंग, फ्रंट पॉवर विंडो, तीन प्रीमियम रंगों में बॉडी कलर्ड एक्सटिरियर्स, फॉग लैंप्स, इलेक्ट्रॉनिक ट्रिप मीटर, फ्रंट कॅन्सोल में कप होल्डर, मोबाइल चार्जर पॉइंट और एक रियर स्पॉइलर होता है।

लंबाई-चौड़ाई-ऊँचाई और वजन : नैनो की लंबाई 3.1 मीटर, चौड़ाई 1.5 मीटर और ऊँचाई 1.6 मीटर है। भारतीय कारों की तुलना में इसका बाहरी फुटप्रिंट सबसे छोटा है जिसका टर्निंग रेडियस महज 4 मीटर होने के कारण पार्किंग की सबसे छोटी जगह में भी इसे पार्क किया जा सकता है (मारुति-800 का टर्निंग रेडियस 4.4 मीटर और मारुति अल्टो का 4.6 मीटर है)। नैनो का कर्ब वजन 600 किग्रा. है। इसका ग्राउंड क्लियरेंस 7.1 इंच और 12 इंच के पहियों का है।

परफॉर्मेंस : नैनो में दो सिलिंडर वाला 624 सी.सी. एवं 35 बी.एच.पी. का

मल्टी पॉइंट फ्यूल इंजेक्शन पेट्रोल इंजन लगा है। फोर-स्पीड मैनुअल ट्रांसमिशन के साथ यह रियर व्हील ड्राइव है जिसे चालू करने पर रफ्तार आठ सेकेंड में 60 किमी. प्रति घंटा तक बढ़ाई जा सकती है। इसकी अधिकतम रफ्तार 105 किमी. प्रति घंटा है। ऑटोमोटिव रिसर्च एसोसिएशन ऑफ इंडिया द्वारा आवश्यक परीक्षण स्थितियों में किए गए टेस्ट के अनुसार इसकी फ्यूल एफिसिएंसी 23.6 किमी प्रति लिटर है। यह भारत में किसी भी पेट्रोल-इंजन कार के लिए सबसे अधिक है।

उत्सर्जन : नैनो प्रति किमी. 101 ग्राम कार्बन डाईऑक्साइड का उत्सर्जन करती है जो भारत की अन्य कारों की तुलना में सबसे कम है। यह भारत स्टेज II और III का अनुपालन करती है और भारत स्टेज IV तैयार है। इसकी उच्च फ्यूल एफिसिएंसी दर कार का निम्न कार्बन फुटप्रिंट सुनिश्चित करती है।

सुरक्षाः टाटा नैनो का सुरक्षा परफॉर्मेंस वर्तमान नियायक जरूरतों की तुलना में कहीं बेहतर है। यह रोल-ओवर-टेस्ट और ऑफसेट इंपैक्ट में खरी उतरी है। इसमें सुदृढ़ पैसेंजर कंपार्टमेंट, संकुचन क्षेत्र, अनुचित प्रवेश रोधक दरवाजे और अनिवार्य सीट बेल्ट्स होते हैं। कार के टायर ट्यूबविहीन होते हैं। बेहतर संतुलन और स्थिरता के लिए पीछे के टायर चौड़े होते हैं। इसके अतिरिक्त, कॉलैप्सिबल स्टियरिंग हाई-माउंट स्टॉप लैंप्स जैसी सुरक्षा विशेषताएँ भी होती हैं। डिलक्स एल.एक्स. मॉडल में फ्रंट एवं रियर फॉग लैंप्स और सेंट्रल लॉकिंग जैसी अन्य कई सुरक्षा विशेषताएँ होती हैं।

अन्य विशेषताएँ : कार में 15 लिटर का फ्यूल टैंक होता है। इसके ट्रंक की क्षमता 154 लिटर की होती है। यह ग्राहकों को 18 महीने या 24,000 किमी., जो भी पहले हो, की वारंटी देती है। कार का अतिरिक्त टायर बोनेट के नीचे और बैटरी ड्राइवर की सीट के नीचे होती है। नैनो के अतिरिक्त टायर का आकार वही होता है जो सामने के टायर का होता है। लेकिन इमरजेंसी में इसे पीछे भी लगाया जा सकता है (और सबसे पास के सर्विस स्टेशन पर बदला जा सकता है)। इस कार के दोनों तरफ लगे दो स्कूपों के कारण कार के चलने पर ठंडी हवा भीतर आती है और इंजन के ठंडा होने में मदद मिलती है। नैनो छह रंगों में आती है: रेसिंग रेड, समर ब्लू, आइवरी व्हाइट, सनशाइन, यलो, शैंपेन गोल्ड और लूनर सिल्वर।

बुकिंग : नैनो के लिए बुकिंग का शुरुआती दौर 9 अप्रैल से 25 अप्रैल 2009

तक चला। कंपनी को 206,703 आवेदन मिले और टाटा नैनो की वेबसाइट ने 23 मार्च, 2009 को कार लॉन्च होने के बाद एक पखवाड़े में 2 करोड़ से अधिक हिट्स दर्ज की। बुकिंग फॉर्म की कीमत 300 रुपए (ऑनलाइन बुकिंग के लिए 200 रुपए) थी। फॉर्म लगभग 1,000 शहरों में कोई 30,000 स्थानों पर उपलब्ध थे, जो टाटा मोटर्स डीलरशिप, भारतीय स्टेट बैंक की शाखाओं और उसकी सहायक कंपनियों एवं एसोसिएट्स, अन्य फाइनैंसरों, तथा वेस्टसाइट, क्रोमा, टाइटन एवं टाटा इंडिकॉम के शोरूम के जरिए बेचे गए। नैनो को 34 बैंकों के जरिए ऑनलाइन भी बुक किया जा सकता था। भारतीय ऑटोमोबाइल इंडस्ट्री में ऐसा प्रयोग पहली बार किया गया था। टाटा मोटर्स ने ग्राहकों को कार बुक करवाने और फाइनेंस की सुविधा दिलाने के लिए 18 बैंकों से समझौता किया था। कंपनी ने यह भी प्रावधान किया था कि कार डिलिवरी के लिए प्रथम 100,000 आवेदनकर्ताओं को कंप्यूटरीकृत, बेतरतीब (रैंडमली) चयन प्रक्रिया के जरिए चुना जाएगा, जिन्हें 2010 की अक्तूबर-दिसंबर तिमाही तक नैनो मिल जाएगी। टाटा मोटर्स ने 23 जून, 2009 को 100,000 चयनित लोगों के नामों की घोषणा की। उसने उन 55,000 लोगों के नामों का भी ऐलान किया जो प्रथम 100,000 में नहीं आ पाए थे, लेकिन उन्होंने अपनी बुकिंग निरस्त नहीं कराई थी। नैनो की डिलिवरी जुलाई 2009 में शुरू हुई।

मर्चेंडाइन : नैनो अतिरिक्त साज सामान एवं विक्रय वस्तुओं के आकर्षक रेंज के साथ आती है जिसमें एक नैनो फोन, एक नैनो घड़ी और टी-शर्ट्स शामिल हैं। ये टाटा मोटर्स, वेस्टसाइड और क्रोमा शोरूम के साथ-साथ www.tatanano.com पर भी ऑनलाइन उपलब्ध हैं। टाटा इंडिकॉम नैनो फोन और टाइटन नैनो घड़ी की मार्केटिंग कर रही है। नैनो विक्रय वस्तुओं की समूची रेंज को श्रेणियों और उप-श्रेणियों में बाँटा गया है, ताकि किसी प्रोडक्ट को आसानी से ढूँढ़ा जा सके। बच्चों से लेकर वयस्कों तक, हर किसी के लिए प्रोडक्ट्स उपलब्ध हैं। इनमें नैनो कैप्स एवं हैट्स, वाटर बॉटिल्स, पेंसिल बॉक्सेज, मैग्नेट्स, की चेंस, कार हैंगिंग्स, मोबाइल चार्म्स, कोस्टर्स, स्लिंग बैग्स, पेन सेट्स, पेन ड्राइव्स, माउस पैड्स और पुरुषों, महिलाओं एवं बच्चों के परिधान शामिल हैं।

ऐक्सेसरीज : ग्राहकों के लिए ढेर सारा अतिरिक्त साज-सामान उपलब्ध है, जिनसे वे अपनी नैनो को मन मुताबिक सजा-सँवार सकते हैं। इनमें एलॉय ह्वील्स

और बॉडी किट्स शामिल हैं, जो आवश्यकतानुसार उपयोग में आ सकती हैं। कार के अतिरिक्त साज-सामान का एक विशिष्ट वाल्ड डिज्नी रेंज भी उपलब्ध है, जो खास तौर पर नैनो के लिए बनाई गई है। इनमें सीट कवर्स, सीट-बेल्ट पैड्स और कार कवर्स शामिल हैं। फिर, ऑडियो सिस्टम्स और सिक्यूरिटी एंहेंसमेंट्स सरीखी इलेक्ट्रॉनिक ऐक्सेसरीज भी हैं। ये ऐक्सेसरीज सभी टाटा मोटर्स डीलरशिप पर वाजिब दाम पर उपलब्ध हैं।

मार्केटिंग : टाटा मोटर्स ने लोगों में अपनी छोटी कार के प्रति आकर्षण पैदा करने के लिए एक ऑनलाइन, कम्युनिटी-आधारित मार्केटिंग शुरू की थी। नैनो वेबसाइट में एक ब्लॉग और एक फोरम है जिसके कोई 20,000 सदस्य हैं। इसके अतिरिक्त, एक 'ड्रीम कार कॉन्फिगरेटर' भी है जिसके जरिए विजिटर नैनो के डिजाइन से खेल सकते हैं और कार का अपना मॉडल तैयार कर सकते हैं। टाटा मोटर्स ने नैनो की लॉन्चिग के विज्ञापन के लिए मीडिया का अनूठा इस्तेमाल किया। इसके लिए उसे केन में सालाना एडवर्टाइजिंग पुरस्कार समारोह में 'ब्रोंज लॉयन' मिला। ज्यादातर कार लॉन्चिग के विपरीत, नैनो का विज्ञापन टेलीविजन पर नहीं किया गया। आमतौर पर जब कोई कार लॉन्च की जाती है, तो उसके विज्ञापन के लिए 20-30 करोड़ रुपए का बजट बनाया जाता है जिसका एक बड़ा प्रतिशत टेलीविजन को समर्पित होता है। टाटा नैनो के प्रचार पर अनुमानतः 5 करोड़ रुपए खर्च किए गए।

टाटा मोटर्स ने अपने छोटे अजूबे के जरिए जो काम किया है, वह शायद रिचर्ड आर्कराइट के काम जितना क्रांतिकारी नहीं है। आर्कराइट ने 18वीं सदी के उत्तरार्ध में धागा कातने की अपनी मशीनों से पश्चिमी जगत् की टेक्सटाइल इंडस्ट्री में क्रांति ला दी थी। टाटा मोटर्स का काम शायद हेनरी फोर्ड के काम की तरह भी क्रांतिकारी नहीं है, जिन्होंने अपने मॉडल टी के साथ बड़े पैमाने पर उत्पादन की नींव रखी। लेकिन नैनो का विकास नवीनता की कभी खत्म न होने वाली यात्रा में मील का एक पत्थर है। एक भारतीय कंपनी ने इंजीनियरिंग का एक नया साँचा गढ़ा है और ठोस कारोबारी तर्क की पाशकुंडली से निकलकर एक सांगठनिक व्यवस्था विजेता के रूप में उभरी है। □

nano

8

टाटा मोटर्स की कहानी

अपनी अविश्वसनीय रूप से सस्ती छोटी कार नैनो के अनावरण और प्रतिष्ठित ग्लोबल ब्रांड जगुआर एवं लैंडरोवर के अधिग्रहण के बाद टाटा मोटर्स ने विश्व मंच पर अपने कदम रख दिए हैं। हालाँकि यह यात्रा लंबी और कभी-कभी हतोत्साहित करने वाली रही है, लेकिन इसने कंपनी की हाल की उड़ान के लिए रास्ता साफ कर दिया। नैनो टाटा मोटर्स के चेयरमैन रतन टाटा की संकल्पना एवं दृढ़ता और उसे डिजाइन तथा विकसित करने वाली टीम की लगन का नतीजा थी। दक्षिण कोरिया और स्पेन की कंपनियों सहित वैश्विक अधिग्रहण टाटा मोटर्स को अंतरराष्ट्रीय खिलाड़ी बनाने की चेयरमैन की संकल्पना का अंग था। और वर्षों से टाटा मोटर्स का जिस तरह निर्माण किया गया था, इन उपलब्धियों को हासिल करने की क्षमता और शक्ति उसी से मिली।

नैनो इतनी बड़ी घटना बन गई है कि भारतीय ऑटोमोटिव इंडस्ट्री और टाटा मोटर्स से कम परिचित लोग इस अजूबा मोटर कार को एक अपवाद मान सकते हैं। लेकिन यह अपवाद नहीं है। दरअसल, नैनो एक विशाल संगठन में उत्कृष्ट इंजीनियरिंग का निर्माण करने और ग्राहकों को उनका मनचाहा प्रोडक्ट देने के दशकों के प्रयास का प्रतिफल है।

तीन से अधिक दशकों तक भारत में लाइसेंस राज रहा, जिसके कारण कंपनी के विकास के रास्ते में तरह-तरह की बाधाएँ आती रहीं। लेकिन लाइसेंस राज खत्म होने के बाद पिछले दशक में जो कुछ हुआ, वह विस्फोटक था। यह इसलिए भी

उल्लेखनीय है कि शुरू में वैश्विक प्रतिस्पर्धा के लिए टाटा मोटर्स की तैयारी पर्याप्त नहीं थी। कंपनी ने कुछ कड़े फैसले लिए और फिर अपने कामकाज का तरीका बदला। तब वह आज इस मुकाम पर पहुँची है। लेकिन यह पहला मौका नहीं है जब उसने इस तरह की सफलता हासिल की है।

अस्सी के दशक के मध्य में तत्कालीन प्रधानमंत्री राजीव गांधी ने भारतीय ऑटोमोटिव इंडस्ट्री पर नियंत्रण में ढील दे दी। इसके परिणामस्वरूप चार जापानी कंपनियों—टोयोटा, निस्सान, मित्सुबिशी और माज्दा ने छोटे ट्रकों (एल.सी.वी. या लाइट कमर्शियल वेहिकिल) के निर्माण के लिए नए संयुक्त उद्यम शुरू किए। इन कंपनियों के आने से कइयों ने सोचा कि भारत में टाटा मोटर्स के कमर्शियल वाहनों का बिजनेस खत्म हो जाएगा।

कयामत की भविष्यवाणी करने वाले लोगों ने इस तथ्य पर विचार नहीं किया था कि टाटा मोटर्स जमाने के अनुरूप अपने को ढाल लेती है और उसने इंजीनियरिंग विशेषज्ञता की संस्कृति का सृजन करने में दशकों खर्च किए हैं। जापानी कंपनियों के बाद एल.सी.वी. परिदृश्य में देर से उतरने के बावजूद कंपनी ने तुरंत दो छोटे ट्रक लॉन्च किए जो सस्ते होने के साथ-साथ अपने जापानी प्रतिस्पर्धियों से कई मामलों में आगे थे। जल्दी ही यह स्पष्ट हो गया कि टाटा मोटर्स ने बड़ी आसानी से लड़ाई जीत ली है। तब से जापानी छोटे ट्रकों की पूछ लगभग खत्म हो गई है। संयोग से, 1980 के दशक में ही टाटा मोटर्स ने भारत में अॅकॉर्ड के निर्माण के लिए जापान की होंडा मोटर से अनुबंध किया। लेकिन भारत सरकार ने इस प्रस्ताव को खारिज कर दिया, हालाँकि इसके पहले सुजुकी और फिएट सहित विदेशी पार्टनरों के साथ कार निर्माण मंजूरी दी गई थी। ऐसी स्थिति में टाटा मोटर्स की निराशा का अंदाजा कोई भी लगा सकता है।

नब्बे के दशक के शुरू में, जब भारत सरकार ने योजनाबद्ध तरीके से लाइसेंस राज को खत्म कर दिया और अर्थव्यवस्था को खोलने की शुरुआत की, टाटा मोटर्स कमजोर स्थिति में थी। इसका एकमात्र बिजनेस ट्रक था और उसके बनाए ट्रकों में कुछ समय तक आधुनिक टेक्नोलॉजी का बहुत कम इस्तेमाल हुआ था। शुरू में इंडस्ट्री पर सख्त नियंत्रण के कारण आधुनिक टेक्नोलॉजी को अपनाना मुश्किल था। लेकिन लाइसेंसिंग से मिले संरक्षण के कारण यह सह्य था।

लाइसेंसिंग खत्म होने के साथ टाटा मोटर्स के क्षेत्र में समृद्ध विदेशी खिलाड़ियों के प्रवेश करने का खतरा मँडराने लगा। और टाटा मोटर्स के पास इतने साधन नहीं

थे कि वह भारत के बाहर के बाजारों में अपनी जगह बनाती। भारत में उस समय विकास की गुंजाइश सीमित थी, क्योंकि वाणिज्यिक वाहनों के बाजार में टाटा मोटर्स पहले से छाई हुई थी। इस बाजार के बिजनेस चक्र में उतार-चढ़ाव आता रहता है। सो, टाटा मोटर्स को यह चक्र तोड़ना था।

जब रतन टाटा ने कारों के निर्माण के जरिए इस चक्र को तोड़ने का रास्ता सुझाया तो कई विश्लेषकों ने टाटा मोटर्स के दुर्दिन की घोषणा कर दी। उनका कहना था कि एक ट्रक निर्माता को कार का निर्माण नहीं करना चाहिए। अब इंडिका और अन्य कारों की भारी सफलता के बाद कोई भी व्यक्ति कार बाजार में स्पर्धा करने की टाटा मोटर्स की क्षमता पर उँगली नहीं उठाता। इंडिका-इंडिगो के आधार पर बनी मांजा कार यह दरशाती है कि कंपनी ने प्रतिस्पर्धात्मक कीमत पर सामयिक फीचर्स देना सीखा लिया है।

टाटा मोटर्स की हाल की सफलताएँ आकस्मिक नहीं हैं। इनका आधार इंजीनियरिंग की उस प्रतिभा की नींव है जिसे दशकों से योजनाबद्ध तरीके से विकसित किया गया है। फिर, इसके साथ वैश्विक बाजार के शीर्ष के लोगों में शुमार होने के लिए कुछ भी करने का दृढ़संकल्प भी जोड़ लीजिए। यहाँ तक कि आर्थिक सुधारों से पहले के प्रतिबंधात्मक दिनों में भी कंपनी इंजीनियरिंग की प्रतिभा विकसित करती रही। उस समय उसका नेतृत्व करिश्माई सुमंत मुलगांवकर कर रहे थे। कंपनी के अंदरूनी प्रशिक्षण कार्यक्रम की बहुत तारीफ की जाती थी। उन्हें उन्हीं प्रयासों का प्रतिफल लगातार मिल रहा है।

पिछले दशक की चुनौतियाँ शुरू के वर्षों की चुनौतियों से भिन्न रही हैं। नब्बे के दशक से, जब भारतीय बाजार को निवेश के लिए खोला गया, लगभग एक दर्जन वैश्विक ऑटोमोटिव कंपनियाँ देश में प्रवेश कर चुकी हैं। उनमें से ज्यादातर ने अपनी कारें भी बाजार में उतारीं। टाटा ने उनके बहुत बाद 1998 में अपनी पहली कार इंडिका 1998 में बाजार में उतरी की। अब यहाँ वोल्वो ने अपने ट्रक लॉन्च किए हैं। वह दिन दूर नहीं जब दूसरे वैश्विक ट्रक निर्माता भी आकर्षक भारतीय बाजार में प्रवेश कर जाएँगे।

जिस समय पिछली शताब्दी खत्म और नई शताब्दी शुरू हो रही थी, कंपनी की स्थिति अच्छी नहीं थी। उसे 5 अरब रुपए का नुकसान हुआ। यह किसी भी भारतीय कंपनी के लिए अब तक का सबसे बड़ा नुकसान था। हर कोई हिल उठा

था, और यह शायद सबसे बदतर स्थिति थी जो टाटा मोटर्स के लिए घटित हो सकती थी। कंपनी के पूर्व प्रबंध निदेशक रविकांत, जो संकट के समय वाणिज्यिक वाहन बिजनेस के मुखिया थे, कहते हैं, "नुकसान के बोझ से या तो हम टूट जाते या फिर पूरी ताकत के साथ अपने में नई ऊर्जा का संचार करते। हमने दूसरे विकल्प को चुना। लेकिन यह आसान काम नहीं था। यहाँ के लोग बहुत स्वाभिमानी थे, थोड़े अहंकारी भी, जैसाकि सफल संगठनों के साथ होता है। भारी नुकसान से हमारे स्वाभिमान को आघात लगा, इसने अहंकार एवं आत्मसंतोष की भावना को चूर-चूर कर दिया। इसके बाद, अगले पाँच वर्षों के लिए एक अधिकृत रणनीति और एक व्यापार योजना बनाई गई।" यह रतन टाटा की दूरदर्शिता थी।

वाणिज्यिक वाहनों का बाजार नाटकीय तरीके से बदल रहा था जिस पर टाटा मोटर्स को ध्यान देना था। कांत कहते हैं, "हमारे उत्पाद बीते हुए कल के बाजार के लिए अच्छे लेकिन आने वाले कल के बाजार के लिए घटिया थे।" कई चीजें करनी थीं और तुरंत करनी थीं। लागत में कटौती के जरिए नुकसान को रोकना था, मौजूदा उत्पादों को उन्नत बनाना था और नए, अंतरराष्ट्रीय स्तर के वाहनों का निर्माण करना था।

शीर्ष पर बैठे लोगों, जिनमें रविकांत, वाणिज्यिक वाहनों के तत्कालीन कार्यकारी निदेशक एवं कंपनी के इंडिया ऑपरेशंस के वर्तमान प्रबंध निदेशक प्रकाश तैलंग, यात्री कारों के पूर्व प्रेसिडेंट राजीव दुबे, पूर्व कार्यकारी निदेशक प्रवीण कादले और मुख्य वित्त अधिकारी सी. रामकृष्णन ने रणनीति बनाने में योगदान किया और वे कंपनी की महत्त्वाकांक्षी योजनाओं के कार्यान्वन में शामिल हुए।

इस घड़ी में कांत की भूमिका अहम् थी। नैनो डेवलॅपमेंट प्रोग्राम के मुखिया गिरीश वाघ याद करते हैं कि कांत ने 1999 में टाटा मोटर्स से जुड़ने के बाद किस तरह संगठन में नई जान फूँकी। वाघ कहते हैं, "2000-01 में घाटा होने का अर्थ था संगठन का मनोबल गिरना। श्री रविकांत ने हमें बाजार में जाने और ग्राहकों से मिलने के लिए कहा। उनका उद्देश्य हमें अधिक ग्राहक-केंद्रिक बनाना था।

"उन्होंने कंपनी की एक शाखा के लोगों को दूसरी शाखाओं में जाने और वहाँ के कर्मचारियों से मेल-जोल बढ़ाने के लिए प्रेरित किया। इस तरह की चीज पहले कभी नहीं हुई थी। लोग एक जगह बँधकर काम करने के अभ्यस्त हो चुके थे। संगठन में ऐसे लोग भी थे जिन्होंने पुणे या जमशेदपुर में 24 साल नौकरी करने के बावजूद दूसरा संयंत्र नहीं देखा था।"

संगठन को विभाजित करने वाले अवरोधों को तोड़ने के लिए कांत ने एक बार जमशेदपुर में बैठकें आयोजित कीं और पुणे के लोगों को वहाँ अपने साथ चलने के लिए कहा। वाघ कहते हैं, ''पुणे प्लांट के लोगों को आश्चर्य हो रहा था कि यात्रा और होटल खर्च बढ़ाने के लिए 30 कर्मचारी विमान से जमशेदपुर क्यों जा रहे हैं। लेकिन श्री कांत का एक स्पष्ट उद्देश्य था। उन्होंने कहा कि जिस तरह हम ग्राहक से मिले बिना उसकी इच्छा नहीं जान सकते, उसी तरह हम अन्य जगहों के अपने सहकर्मियों से मिले और उनकी समस्याओं को समझे बिना उनके साथ तद्नुभूति स्थापित नहीं कर सकते।''

टाटा मोटर्स को ग्राहक की आवाज सुनने वाला सीवनहीन संगठन बनाना रतन टाटा का लक्ष्य था। हालाँकि उन्होंने इसके लिए बहुत सारे उपाय किए, लेकिन वांछित सफलता नहीं मिली। फिर कांत आए। उनके सामने अतीत की कार्यपद्धति को खत्म करने के अलावा कोई विकल्प नहीं था। उन्होंने युवा, क्षमतावान कर्मचारियों से मिलना और ब्रेकफास्ट, लंच या डिनर तथा काम के दौरान उनसे मेलजोल बढ़ाना शुरू किया। इसके नतीजे जल्दी ही दिखने लगे।

काफी आत्म-परीक्षण, मस्तिष्क प्रक्षालन और लागत कटौती के बाद, स्थिर, परिवर्तनीय, लाभ, कर्मचारी एवं लागत के प्रत्येक पहलू की पुनर्जांच की गई और उस पर दोबारा काम किया गया। इसके फलस्वरूप टाटा मोटर्स को दो साल में खासा लाभ हुआ।

सन् 2008 में फोर्ड मोटर से जगुआर लैंड रोवर (जे.एल.आर.) के अधिग्रहण के कारण टाटा मोटर्स के सामने नई चुनौतियाँ पैदा हो गईं। कुछ विश्लेषकों ने अधिग्रहण से होने वाली कमाई पर प्रतिकूल प्रभाव पड़ने की आशंका जताई। लेकिन उनकी आशंका सही साबित नहीं हुई।

इंडिका और इंडिगो मॉडलों की सफलता को देखते हुए टाटा मोटर्स की कार बनाने की क्षमता पर कोई उँगली नहीं उठा रहा था। दिलचस्प बात यह है कि रतन टाटा जितना कोई भी व्यक्ति कंपनी की सीमाओं के बारे में अवगत और स्पष्ट नहीं हो सकता था। इंडिका ने जब बाजार पकड़ना शुरू किया तो उन्होंने खुलेआम माना कि टाटा मोटर्स की कमजोरी उसकी कारों की सीमित रेंज है, जबकि उसके प्रतिद्वंद्वियों के पास कई तरह के उत्पाद हैं। कंपनी ने उत्पाद श्रृंखला में वृद्धि की है, लेकिन जे.एल.आर. का अधिग्रहण नहीं हुआ होता तो सारे उत्पाद सस्ते बाजार के लिए होते।

अधिग्रहण को केवल राजस्व के परिप्रेक्ष्य में नहीं, बल्कि टाटा मोटर्स को होने वाले ठोस फ़ायदे के संदर्भ में भी देखा जाना चाहिए। इन फायदों में सबसे महत्त्वपूर्ण यह है कि उसे अपने को वैश्विक क्षमताओं के साथ उन्नत मोटरगाड़ी निर्माता के रूप में स्थापित करने का अवसर मिलेगा। कम लागत वाले नजरिए, जो टाटा के ज्यादातर वाहनों की विशेषता है और जे.एल.आर. ऑपरेशनों की हाई-टेक प्रकृति के बीच सहक्रिया सही मायने में टाटा मोटर्स को वैश्विक ब्रांड बना सकती है।

अगर आप इसे इस नजरिए से देखेंगे तो कंपनी की सोच में कोई विरोधाभास नहीं पाएँगे। कंपनी इंडिका और नैनो सहित अपनी छोटी कारों से लेकर परिष्कृत लैंड रोवर और जगुआर तक, एक समूचे उद्योग को फैलाने की कोशिश कर रही है। यह सोचना भूल होगी कि उसकी रणनीति बाजार के बिलकुल अलग तबकों के लिए प्रोडक्ट्स बनाने की है। कंपनी दरअसल अपनी क्षमताओं का निर्माण कर रही है, ताकि वह बाजार के व्यापक तबके को विभिन्न उत्पादों की पेशकश कर सके।

जे.एल.आर. का अधिग्रहण सतही तौर पर ग्लैमरस लग सकता है, लेकिन इसके दीर्घकालिक फायदे इसकी चमक-दमक तथा आकर्षण से कम और ऑटोमोटिव बिजनेस के उच्च वर्ग के लिए जरूरी क्षमताएँ हासिल करने से अधिक जुड़े हुए हैं। भविष्य में टाटा मोटर्स का जोर आम बाजार के साथ-साथ वैकल्पिक ईंधन वाले वाहनों के नए क्षेत्र में जाने का होगा।

आज की दुनिया में, कंपनियों को एक ही जगह बने रहने के लिए चलते रहना जरूरी है। अगर वे विस्तार की इच्छुक हैं तो उन्हें बहुत कुछ करना होगा। टाटा मोटर्स भारतीय बाजार में अपनी हिस्सेदारी को बनाए रखकर संतुष्ट नहीं है। वह विश्व बाजार पर नजर गड़ाए हुए है। रतन टाटा ने जब टाटा मोटर्स के लिए रणनीति परिभाषित की थी तो उनके दिमाग में महज भारतीय बाजार तक सीमित रहने की बात नहीं थी। उनका दृष्टिकोण था कि यदि आपको भारत में प्रतिस्पर्धात्मक बनना है तो आपको दुनिया में भी प्रतिस्पर्धात्मक बनना होगा। अन्यथा, जिस दिन विदेशी कंपनियाँ आप के मैदान में अपनी उपस्थिति का विस्तार करेंगी, उस दिन भारत में आपके लाभ की स्थिति खत्म हो जाएगी।

टाटा मोटर्स ने वर्षों से बहुत कम संख्या में वाणिज्यिक वाहनों का निर्यात किया है। गंतव्य मुख्य रूप से विकासशील देश थे। विकसित देशों के विशाल और लाभप्रद बाजारों में अपनी जगह बनाने के लिए एक भिन्न नजरिए, नई टेक्नोलॉजी

एवं उत्पादन सुविधाओं को अपनाने की जरूरत थी। टाटा मोटर्स को यह सफलता मार्च 2004 में उस समय मिली जब उसने दक्षिण कोरिया के संकटग्रस्त देवू कमर्शियल वेहिकिल कंपनी के ट्रक डिवीजन को खरीद लिया। यह अधिग्रहण कोई सुनियोजित नहीं था, बल्कि इस तरह का अवसर अपने आप पैदा हो गया और कंपनी ने उसे दोनों हाथों से पकड़ लिया।

इस अधिग्रहण से टाटा मोटर्स को निर्यात की मजबूत संभावनाओं के साथ विकसित दक्षिण कोरिया में वाणिज्यिक वाहनों की विशाल व्यापारिक गतिविधि मिली। कांत कहते हैं, ''यह टाटा मोटर्स के लिए पहला अधिग्रहण था। हालाँकि हमारे सामने भूगोल, संस्कृति और भाषा की समस्याएँ थीं, लेकिन हम एक-दूसरे की पहचान बनाए रखने और एक-दूसरे से सीखने में सफल रहे। इससे हमें घरेलू बाजार में अपनी हिस्सेदारी, निर्यात और मुनाफा बढ़ाने में मदद मिली।''

कोरियाई यूनिट को वित्तीय स्थिरता मिली और टाटा मोटर्स ग्लोबल ऑटोमोटिव कंपनी बनने की दिशा में एक कदम और आगे बढ़ गई। कांत कहते हैं, ''हम कुछ समय से अंतरराष्ट्रीय बाजार के लिए ट्रक निर्माण की योजना बना रहे थे। लेकिन हमने देवू कमर्शियल वेहिकिल्स ऑपरेशंस का अधिग्रहण करने के बाद कोरियाई यूनिट के साथ विश्वस्तरीय ट्रक बनाने का फैसला किया।'' टाटा मोटर्स न केवल एक बेहतर ट्रक बनाने, बल्कि निर्धारित समय से पहले विदेशी बाजार में प्रवेश करने में सफल रही।

जहाँ टाटा मोटर्स को टेक्नोलॉजी की तलाश है, वहीं उसे कुछ महत्त्वपूर्ण चीजें हासिल हुई हैं। मसलन, रणनीति एवं कारगर मैन्युफैक्चरिंग समाधान। कंपनी ने छोटे वाणिज्यिक वाहनों के बिजनेस में जो सफलता पाई है, वह इसी रणनीति की देन है।

भारतीय वाणिज्यिक वाहनों का बाजार 2000 के दशक के मध्य में नए अवसरों से भर गया था। सरकार के हाईवे एवं ग्रामीण सड़क विस्तार कार्यक्रमों ने एक से अधिक इंडस्ट्री सेगमेंट के लिए नए परिदृश्य खोल दिए थे। टाटा मोटर्स की टीम ने बाजार का अध्ययन किया, ग्राहकों एवं डीलरों से बात की और कुछ योजनाएँ बनाईं। अवसंरचना और समूची भारतीय अर्थव्यवस्था में विकास के रुझान से कंपनी को कैसे लाभ मिल सकता है, इस प्रश्न पर उसे कुछ अहम् सूत्र मिले।

भारत में सड़कों का जाल फैलने से, टाटा मोटर्स ने महसूस किया कि गाँवों और कस्बों के बीच फीडर के रूप में काम करने वाले छोटे ट्रकों की माँग बड़े पैमाने

पर बढ़ेगी। वजह थी 10 टन क्षमता वाले एक ट्रक से 10 जगहों पर माल भेजने की बजाय उसे 1 टन क्षमता वाले 10 छोटे ट्रकों से भेजा जा सकता था। इसके उलट, 10 छोटे ट्रक गाँवों से कस्बों में उत्पाद ला सकते थे जहाँ से उसे बड़े शहरों में भेजने के लिए बड़े ट्रकों पर लादा जा सकता था। फिर, सड़कों के बेहतर होने से कारों की माँग में भी वृद्धि होनी थी।

इस तरह, एस मिनी-ट्रक(कीमत: लगभग 240,000 रु.) का विचार पैदा हुआ। एक टन से कम भारयोग वाले एस को 2005 में लॉन्च किया गया जो बहुत लोकप्रिय हो गया। यह 2009-10 में भारत में 100,000 से अधिक बिकने वाला पहला माल वाहक वाणिज्यिक वाहन बन गया (कुल 110,032 एस बिके थे)। टाटा मोटर्स इस मिनी-ट्रक के लिए अपनी क्षमता में वृद्धि कर रही है। वह एक प्लांट लगा रही है जिसकी क्षमता सालाना 250,000 वाहनों के निर्माण की होगी। टाटा मोटर्स बड़ी संख्या में एस मिनी-ट्रकों के निर्यात की उम्मीद कर रही है।

कंपनी ने अपनी विस्तार योजना में और भी कई चीजें शामिल की हैं। मसलन, बसों का बाजार। टाटा मोटर्स इस बाजार में काफी संभावनाएँ देख रही है। इसी से प्रेरित होकर उसने स्पैनिश बस निर्माता कंपनी हिस्पानो कारोसेरा का अधिग्रहण किया है और ब्राजील की मार्कोपोलो के साथ सहयोग के समझौते पर दस्तखत किए हैं। कर्नाटक में धारवाड़ स्थित टाटा मोटर्स का प्लांट अब ब्राजीली कंपनी के सहयोग से बसें बना रहा है।

निकट भविष्य में सबसे रोमांचक घटनाएँ संभवत: नैनो पर केंद्रित होंगी। इस कार के कारण टाटा मोटर्स ने वैश्विक ऑटोमोटिव जगत् में अपनी जगह बना ली है। लेकिन टाटा मोटर्स जिस अभियान पर निकली है, नैनो उसका महज एक हिस्सा है। यह एक ऐसी सड़क है जो उसे भारत के केंद्र स्थल में और दूर तक ले जाएगी। दूसरी तरफ, यह अंतरराष्ट्रीय सीमाओं के पार भी ले जाएगी जिससे नई टेक्नोलॉजी हासिल करने, नव-उद्यमों में जाने और नए संबंध बनाने में मदद मिलेगी।

गिरीश वाघ याद करते हैं कि जब टाटा मोटर्स 1996-97 में 100 अरब रुपए राजस्व अर्जित करनेवाली पहली कंपनी बनी तो संगठन के हर व्यक्ति ने गर्व महसूस किया। वह कहते हैं, "इसे एक बड़ी उपलब्धि के रूप में देखा गया था। लेकिन अब हम उससे बहुत आगे निकल चुके हैं। हमारा विस्तार अंतरराष्ट्रीय जगत् तक हो गया है। हमने विदेश में कंपनियों का अधिग्रहण किया है। सो, कंपनी पहले की तुलना में बहुत बड़ी और जटिल हो गई है।" 31 मार्च, 2009 को खत्म हुए

वर्ष में टाटा मोटर्स का राजस्व 709.38 अरब रुपए यानी 1996-97 के स्तर से सात गुना अधिक था।

टाटा मोटर्स ने जून 2009 में अपनी नई, विश्वस्तरीय ट्रक रेंज लॉन्च की। इसी साल भारत में जगुआर लैंड रोवर की प्रीमियम रेंज लॉन्च हुई और टाटा मोटर्स ने हिस्पानो कारोसेरा में बाकी 79 प्रतिशत शेयर भी खरीद लिए। आने वाले दिनों में कंपनी में जीवन और अधिक व्यस्त होने जा रहा है। अहमदाबाद के पास स्थित नैनो के नए घर साणंद में छोटी कार का निर्माण पहले ही शुरू हो चुका है और जल्दी ही इसकी संख्या में भारी बढ़ोतरी होने वाली है। इस बीच, नैनो प्रोग्राम में शामिल लोग ओवरटाइम काम कर रहे हैं, ताकि यूरोप और अमेरिका के बाजारों के लिए कार तैयार की जा सके।

टाटा मोटर्स ने अब वाहनों का इलेक्ट्रिक और हाइब्रिड संस्करण बनाने की घोषणा की है। इंडिका विस्टा इलेक्ट्रिक और एस इलेक्ट्रिक 2010 तक कुछ विदेशी बाजारों में लॉन्च की जाएँगी। इंडिका विस्टा इलेक्ट्रिक यूरोप में बेची जाएगी और यह ब्रिटेन स्थित टाटा मोटर्स यूरोपियन टेक्निकल सेंटर (टी.एम.ई.टी.सी.) तथा नॉर्वे की इलेक्ट्रिक-वेहिकिल विशेषज्ञ कंपनी मिलिजो की संयुक्त परियोजना का उत्पाद होगी।

ब्रिटिश कार उद्योग के विशेषज्ञ और टी.एम.ई.टी.सी. के मुख्य एक्जीक्यूटिव क्लाइव हिकमैन के अनुसार, इलेक्ट्रिक कार की बिक्री का केंद्रण यूरोप पर होगा, क्योंकि यह भारत के लिए उपयुक्त नहीं है। कांत का कहना है कि हिकमैन टाटा मोटर्स प्रबंधन के 'अंतरराष्ट्रीयकरण' के प्रतिनिधि और वैश्विक ऑटोमोबाइल इंडस्ट्री के उन गिने-चुने लोगों में से हैं जिन्हें अहम् क्षेत्रों के प्रबंधन के लिए लाया गया है। अन्य लोगों में कार्ल-पीटर फोर्स्टर (टाटा मोटर्स के प्रबंध निदेशक एवं ग्रुप सी.ई.ओ.), राल्फ स्पेथ (जगुआर लैंड रोवर के सी.ई.ओ.) और तिमोथी लर्स्टन (टाटा मोटर्स के एडवांस्ड प्रोडक्ट इंजीनियरिंग ग्रुप के मुखिया) शामिल हैं।

टाटा मोटर्स पिछले कुछ वर्षों से पुनर्आविष्कार के दौर से गुजर रही है। कंपनी में गैर-भारतीय अधिकारियों को लाना उसका एक हिस्सा है। प्रोडक्ट के मोर्चे पर, नैनो इसके महत्त्व को दरशाती है। रतन टाटा ने जब दिल्ली ऑटो एक्सपो 2008 में दुनिया की सबसे सस्ती कार लॉन्च की तो ऑटो इंडस्ट्री के नियम हमेशा के लिए बदल गए। टाइम पत्रिका ने नैनो को 1908 से लेकर अब तक की सबसे महत्त्वपूर्ण एक दर्जन कारों में शुमार किया था। इस सूची में फोर्ड मॉडल टी, वोक्सवैगन

बीटल, शेवी बिलायर, टोयोटा कोरोला, मिनी और होंडा सिविक भी शामिल थीं।

उन संकटपूर्ण दिनों के दो साल बाद दुनिया पूरी तरह से बदल गई दिखी। वैश्विक मंदी ने ऑटो इंडस्ट्री को अपनी चपेट में ले लिया था और जगुआर लैंड रोवर सहित अपमार्केट सेगमेंट भी इससे नहीं बच पाए। नैनो को अलग तरह का आघात पहुँचा। उसे भारी निवेश के बाद मैन्युफैक्चरिंग की चयनित जगह से हटना पड़ा और साणंद जाने से पहले अस्थायी साइटों पर असेंबलिंग शुरू करनी पड़ी।

टाटा मोटर्स के कर्मचारियों के लिए अच्छी खबर यह है कि कंपनी तूफान झेलने में सफल रही है और इस प्रक्रिया में वह पहले की बनिस्बत अधिक मजबूती से उभरी है। टाटा मोटर्स ने 31 मार्च, 2010 को खत्म हुए वर्ष में दुनिया भर में 872,951 वाहन बेचे जो इसके पिछले वर्ष की तुलना में 19 प्रतिशत अधिक है। कंपनी ने उसी साल वाणिज्यिक वाहनों की बिक्री में 37 प्रतिशत वृद्धि दर्ज करते हुए 413,057 वाहन बेचे।

मार्च 2010 में कंपनी के वैश्विक वाहनों की बिक्री में एक साल पहले की तुलना में 39 प्रतिशत की वृद्धि हुई। उसने कुल 101,712 वाहन बेचे। इसने अपने प्रीमियम ब्रांडों और वाणिज्यिक वाहनों की बिक्री में ठोस वृद्धि दर्ज की।

भविष्य और भी अच्छा हो सकता है। इंडिका, नैनो और एस के साथ सस्ते वाहन बनाने की नींव रखकर टाटा मोटर्स दुनिया की पर्यावरण की चिंता को दूर कर सकती है। कंपनी हाइब्रिड और विशुद्ध इलेक्ट्रिक वाहनों पर काम कर रही है। यह भारत की अंतरिक्ष एजेंसी इसरो (इंडियन स्पेस रिसर्च ऑर्गनाइजेशन) के सहयोग से हाइड्रोजन ईंधन वाले इंटरनल कॅम्बश्चन इंजनों के विकास की संभावनाएँ तलाश रही है।

इसके साथ, टाटा मोटर्स ने नई फैक्टरियाँ लगाई हैं और वर्तमान फैक्टरियों का विस्तार किया है। इसने कई नई कारें भी लॉन्च की हैं, जिनमें इंडिका विस्टा, इंडिगो मांजा, एस स्माल ट्रक, भारी ट्रकों की प्राइमा रेंज, बसों की नई किस्में, सुपर माइलो और पब्लिक ट्रांसपोर्ट के लिए मैजिक आइरिश शामिल हैं। लेकिन नैनो का मामला बिलकुल अलग है। इसने टाटा मोटर्स को विश्व बाजार में इस हद तक प्रतिस्पर्धा करने का मौका दिया है जितना जगुआर लैंड रोवर नहीं दे सकता।

इसके बावजूद, टॉप-क्वालिटी ऑटोमोबाइल निर्माता होने का दावा करने से पहले टाटा मोटर्स को बहुत कुछ करना होगा। वाघ कहते हैं, ''हम सभी क्षेत्रों में सुधार कर सकते हैं। मसलन, यदि हम दुनिया में सर्वोत्तम से प्रतिस्पर्धा करना चाहते

हैं तो हमें अपनी प्रोडक्ट डेवलॅपमेंट प्रक्रिया बेहतर बनानी होगी। हमें अपने लचीलेपन और खुलेपन को अगले स्तर पर ले जाना होगा। हमें प्रतिष्ठित संगठनों से बहुत कुछ सीखने की जरूरत है। इसके अतिरिक्त, हमें ग्राहकों के साथ और अधिक अच्छे रिश्ते बनाने की जरूरत है। एक अन्य क्षेत्र अपने लोगों का प्रबंधन करना और उन्हें विकास एवं अपनी प्रतिभा दिखाने का मौका देना है।''

टाटा मोटर्स ने जगुआर लैंड रोवर का अधिग्रहण करने के तुरंत बाद भारत स्थित अपने कुछ इंजीनियरों को, जिनमें वाघ भी शामिल थे, ब्रिटेन जाने और अपनी कुछ प्रक्रियाओं का प्रत्यक्ष अनुभव लेने के लिए कहा। पूरी तरह से प्रभावित वाघ कहते हैं, ''वहाँ की बात ही कुछ और थी। हमने देखा कि एक परिपक्व संगठन एक परिपक्व बाजार में काम और ऑपरेट कर रहा है। उनके लिए एक निर्धारित समय के भीतर प्रोडक्ट बनाना अनिवार्य था। हमें उनसे सीखने और भारत में उस सीख पर अमल करने की जरूरत है।''

क्या ऐसा किया जा सकता है ? यदि टाटा मोटर्स को आगे ले जाने वाले लोगों का उत्साह देखा जाए तो इस सवाल का उत्तर सकारात्मक हो सकता है। जिनके दिमाग में इंजीनियरिंग बसी हुई है, उनके लिए टाटा मोटर्स काम करने की अच्छी जगह है। कंपनी के हजारों कर्मचारियों के लिए काम करने की इससे बेहतर जगह कोई नहीं है।

नैनो प्रोजेक्ट के प्रबंधकों में से एक विवेक सहस्त्रबुद्धे इसी तरह के व्यक्ति हैं। वे कहते हैं, ''यह मल्टी-प्रोडक्ट, बहु-स्थानीय, बहु-व्यापार वाला संगठन है। मेरे विचार से, दुनिया में कहीं भी आप एक ऑटोमोबाइल मैन्युफैक्चरिंग छत के नीचे इतनी सारी विशेषताएँ नहीं पाएँगे।''

वाघ परिचालन में निरंतरता की बात करते हैं। उनके अनुसार, टाटा मोटर्स उत्कृष्ट संगठन बनने की राह पर है। वह कहते हैं, ''यदि आप सर्वोत्तम ऑटोमोबाइल कंपनियों पर नजर डालें तो आप पाएँगे कि उन्होंने अपने ऑपरेशन में निरंतरता बनाए रखी है। इस मामले में हमें लंबा रास्ता तय करना है। यदि हम अपने ऑपरेशन में निरंतर उत्कृष्टता बनाए रखेंगे तो हम उन रणनीतिक हस्तक्षेपों के बारे में सोच सकते हैं जो बाजार में महत्त्वपूर्ण बदलाव ला सकती हैं। मेरे विचार से यह कठिन यात्रा है और इसे सफल बनाने के लिए आत्मबल की जरूरत है।''

रविकांत का मानना है कि टाटा मोटर्स को अपना रास्ता खुद ढूँढ़ना होगा। वह कहते हैं, ''हमारे अपने लक्ष्य हैं जिन्हें हासिल करने के लिए हमारी अपनी रणनीति

है। बिजनेस और संगठन के लिहाज से पिछला साल हमारे लिए सबसे मुश्किल समय रहा, लेकिन हम अपने लक्ष्यों से नहीं डिगे। हमने अपने में सुधार लाना, अपनी क्षमताओं में सुधार लाना नहीं छोड़ा है।''

प्रकाश तैलंग उनकी बातों से सहमत हैं। उनके अनुसार, यदि टाटा मोटर्स अपनी महत्त्वाकांक्षाओं को पूरा करना चाहती है तो उसे अपना भविष्य खुद बनाना होगा। वह कहते हैं, ''हम कुछ हद तक परामर्शदाताओं और सहयोगियों पर निर्भर कर सकते हैं, लेकिन हमें खुद ऐसा समाधान ढूँढ़ना होगा जो हमारे लिए उपयुक्त हो। जापानियों और कोरियाइयों ने ऐसा ही किया था। आप 1970 के दशक के अच्छे पुराने दिनों में झाँकेंगे तो पाएँगे कि जापानियों की बनाई सभी कारें आकार में संदूकनुमा और कोनों पर भोंडी दिखती थीं। उनमें हर जगह दरार आदि होती थीं। लोग उन पर हँसा करते थे। लेकिन आज जापानी कारों पर कोई नहीं हँसता। लगभग दो दशक बाद कोरियाई भी ऐसी ही स्थिति से उबरे थे। और अब हम शायद वही काम कर सकते हैं। भारत में यह काम केवल टाटा मोटर्स कर सकती है।''

लेकिन तैलंग का यह भी मानना है कि जापानी और कोरियाई कंपनियों की तुलना में टाटा मोटर्स जैसी कंपनियों का रास्ता मुश्किल है। वह कहते हैं, ''बाजार क्रूर है। जापानियों और कोरियाइयों ने जब शुरुआत की थी, उन्हें मोरेटोरियम दिया गया था। उनके लिए संरक्षित बाजार था और वे जापानी या कोरियाई ग्राहकों की कीमत पर प्रयोग कर सकते थे। भारत में ऐसा मामला नहीं है। मसलन, इंडिका जब लॉन्च हुई तो उसे कई विदेशी कार निर्माताओं से प्रतिस्पर्धा करनी थी। भारतीय ग्राहक पहले से जानता था कि अच्छी, आधुनिक कार कैसी होती है। खुले बाजार में लोग इस बात की परवाह नहीं करते कि कार देसी है या विदेशी।''

टाटा मोटर्स के मुख्य वित्त अधिकारी सी. रामकृष्णन नैनो का श्रेय टाटा मोटर्स की वर्तमान योजनाओं को देते हैं। वह कहते हैं, ''यह कार हमें अगले स्तर तक ले गई है। हमने जो हासिल किया है, हमें उस पर गर्व है। लेकिन नैनो ने हमारी तरफ लोगों का जो ध्यान खींचा है, उससे हमारी जिम्मेदारी बढ़ गई है। लिहाजा, हमें भविष्य में भी उत्कृष्ट काम करते रहना होगा।''

□

संदर्भ

अध्याय 1

शुरुआत

1. वायर्ड मैगजिन में लेख, जून 2008
2. www.tata.com पर रतन टाटा का इंटरव्यू, जनवरी 2008
3. सोसाइटी ऑफ इंडियन ऑटोमोबाइल मैन्युफैक्चरर्स का अनुमान
4. बेलफास्ट टेलिग्राफ, मार्च 2008

अध्याय 4

सिंगूर से साणंद

1. मिलवाउकी जर्नल सेंटिनल, 17 अप्रैल, 2010

अध्याय 6

दुनिया की प्रतिक्रिया

1. मिंट, 10 अप्रैल, 2010
2. बिजनेस लाइन, 19 मार्च, 2010
3. वायर्ड मैगजिन, जून 2008

नैनो की टाइमलाइन : संकल्पना से लॉन्च तक

संकल्पना

रतन टाटा ने छोटी कार के बारे में अपनी संकल्पना की घोषणा की। कहा, सस्ती पारिवारिक कार की आदर्श कीमत लगभग 2,500 डॉलर या 1 लाख रुपए होनी चाहिए।

चुनौतियाँ

गिरीश वाघ के नेतृत्व वाली छोटी-कार परियोजना टीम ने लागत 1 लाख रुपए के नीचे रखने के लिए कई नए प्रयोग किए, विभिन्न डिजाइनों को आजमाया और इंजीनियरिंग में बदलाव किए।

जगह का चयन

टाटा मोटर्स ने घोषणा की कि छोटी-कार पश्चिम बंगाल के सिंगूर में बनाई जाएगी।

अड़ंगा

सिंगूर में राजनैतिक अड़ंगाओं के कारण परियोजना संकट में पड़ गई।

अनावरण

नैनो नामक लखटकिया कार का अनावरण दिल्ली ऑटो एक्सपो में किया गया।

नए सिरे से शुरुआत

परियोजना को सिंगूर से गुजरात में साणंद ले जाया गया।

लॉन्च

नैनो मुंबई में लॉन्च की गई।

सड़क पर

पहली नैनो मुंबई में दी गई।

नया घर

साणंद फैक्टरी का उद्घाटन।

□□□